BREVE HISTORIA
DE LOS PERSAS

BREVE HISTORIA
DE LOS PERSAS

Jorge Pisa Sánchez

nowtilus

Colección: Breve Historia
www.brevehistoria.com

Título: Breve historia de los persas
Autor: © Jorge Pisa Sánchez
Director de colección: José Luis Ibáñez

Copyright de la presente edición: © 2011 Ediciones Nowtilus, S. L.
Doña Juana I de Castilla 44, 3º C, 28027 Madrid
www.nowtilus.com

Responsable editorial: Isabel López-Ayllón Martínez
Diseño y realización de cubiertas: Nicandwill
Ilustradores: Robert Martínez Colomé y Mario Granollers Mesa

ISBN-13: 978-84-9967-140-6

Printed in Spain

Dedico este libro a mis tres hermanos. A María Ángeles, por su reciente y victoriosa lucha por la vida; a Miguel, por ser mi único hermano varón y a Laura, por haber nacido el mismo día que yo.

Índice

1

Introducción

Conocer, como vamos a hacer nosotros, la historia de los antiguos persas es iniciar un recorrido a través de los diversos períodos de la historia antigua. En este osado periplo el punto de partida lo constituye el reino de Elam, el primer estado organizado creado en el cuarto milenio antes de Cristo en territorio iranio, que se convertiría bien pronto en el vecino y en el rival de Mesopotamia, región a la que unió su destino a lo largo de más de dos mil años. Con la ascensión de los medos a finales del siglo VIII a. C. y su lucha contra los reinos de Asiria, Babilonia y Lidia, asistimos a la emergencia del poderío iranio en la zona del Próximo y del Medio Oriente, una hegemonía que fue heredada por los persas aqueménidas a mediados del siglo VI a. C.

La política desplegada por los descendientes de Ciro II el Grande hizo entrar a los persas en contacto con los griegos, los afamados fundadores de la cultura occidental, con los que iniciaron, a principios del siglo V a. C. un colosal enfrentamiento, conocido como las Guerras Médicas, que opuso a aqueménidas y helenos durante cientosesenta años y que acabó con la derrota de unos y otros por parte del rey macedonio Alejandro Magno en el siglo IV a. C.

La llegada y la consolidación del poder de los partos, también conocidos como arsácidas, a mediados del siglo III a. C., nos encamina directamente hacia la historia de Roma, la potencia mediterránea que relevaría a griegos y macedonios en su enfrentamiento con el mundo iranio.

Finalmente, los epígonos sasánidas, herederos tanto de aqueménidas como de arsácidas, nos conducen, a partir del siglo III d. C., hacia el último episodio de la Antigüedad, en el que primero Roma y después el Imperio bizantino, su heredero político, rivalizaron con Persia por el predominio sobre el Oriente Próximo. Una etapa que finalizaría hacia mediados del siglo VII con la expansión musulmana, que pondría punto y final a la época antigua y daría comienzo a la Edad Media.

La historia de Persia de la que vamos a ser testigos está presente en sus relieves, en sus majestuosos restos arqueológicos, en sus monumentos funerarios, en sus ciudades, en las monedas que utilizaron y en gran diversidad de fuentes escritas, tanto persas como mesopotámicas, griegas, romanas, bizantinas y árabes. Aun así, la mayoría de los textos que utilizaremos para relatar esta historia no son persas, ya que este fue un pueblo que, a diferencia del griego y el romano, no acostumbró a dejar un registro escrito de su historia y de sus hazañas. Por ello, tendremos que hacer un uso continuado de fuentes secundarias en la descripción de los hechos que componen la historia de los persas.

Este libro pretende, como su título indica, narrar al lector de una forma amena y asequible la historia de uno de los Estados (o más concretamente, de algunos de los Estados) más importantes de época antigua, que ha recibido muy poca atención por parte de los historiadores y de las editoriales españolas, algo difícil de entender, ya que Persia se convirtió en aquel período en una, y a veces la única, potencia hegemónica que dominó el Próximo y Medio Oriente antiguo, desde el siglo VI a. C. hasta el siglo VII d. C., dejando una huella indeleble en la historia y la cultura tanto en estas regiones como en las de sus rivales occidentales, tanto en la Grecia clásica, en la Roma imperial como en el cristianizado Imperio bizantino, y a través de ellas, en la civilización occidental.

Como es propio de esta colección y de este autor, en la redacción del libro se ha utilizado la bibliografía más actualizada, con el objetivo de conseguir un texto que esté al día en relación con los hechos y las teorías sobre ellos creadas. También, siguiendo el espíritu de la colección, he intentado darle al texto un estilo ameno y dinámico, alejado del academicismo tradicional, hecho que, sin embargo, no le roba, ni mucho menos, el rigor científico que una obra de este tipo necesita. Se han incluido, además, anécdotas y curiosidades referentes a la historia persa e irania en general, para hacer más próxima y agradable su lectura, y se han incluido mapas para facilitar la comprensión del espacio físico en el cual se desarrolla esta historia, el cual por su lejanía y exotismo, se hace a veces extraño para los lectores poco acostumbrados a él.

Parece llegado el momento, pues, en el que nos adentremos un poco más en la historia milenaria de una región que no por lejana física y culturalmente de nosotros, ha tenido menor peso en el acontecer de la historia y en la que seguro que hallaremos, sólo con que nos esforcemos un poco, la grandeza y la épica de un imperio que dirigió a lo largo de más de mil años el destino del Oriente antiguo.

2

Irán, Persia
y su espacio físico

EL ESPACIO FÍSICO

El Imperio persa fue uno de los estados más extensos que conoció el mundo antiguo. En su momento de máxima expansión, su poder alcanzó parte de tres continentes, el asiático, el africano y el europeo. Por esa razón, lo primero que debemos hacer para comprender mejor su historia es situarlo espacial y territorialmente y conocer el medio físico y natural en el que nació y se desarrolló.

Aunque los términos Irán y Persia se han utilizado y se utilizan de forma equivalente para referirse a aquellas regiones donde la lengua y la cultura persa predominan, en su origen su significado hacía referencia a dos realidades muy diferentes. 'Irán' es el término con el que la población autóctona de la zona se ha referido al territorio del actual Estado que lleva este nombre, y designa a la tierra de los 'arios' (en persa antiguo, *ariya*, plural *ariyanam*), nombre colectivo de los pueblos de origen indoeuropeo que se asentaron a finales del segundo milenio o principios del I a. C. en la

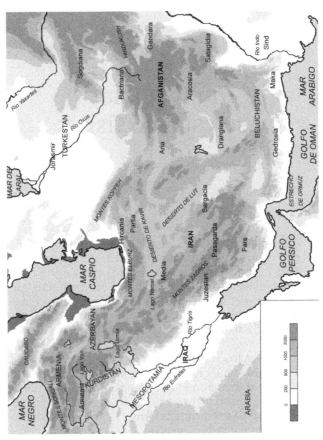

Mapa físico de Irán y de los territorios vecinos.

extensa región comprendida entre los ríos Éufrates y Ganges.

Por su parte, el término 'Persia', de origen griego y utilizado sobre todo en Occidente, se refiere más específicamente a la región del suroeste del actual Irán conocida como Persis (*Pars, Parsa*), es decir, la actual provincia de Fars; proviene de *parsá*, el nombre de las tribus que se asentaron más específicamente en este territorio. El hecho de que esta fuera la región originaria de dos de las dinastías gobernantes, la de los aqueménidas y la de los sasánidas, ayudó a aposentar esta designación en Occidente para hacer referencia a todo el Imperio.

En el año 1935 el gobierno del país aprobó la utilización del nombre de Irán en lugar del de Persia, que había terminado por designar a uno de los estados salidos de la desmembración del Imperio otomano a raíz de su derrota tras la Primera Guerra Mundial, al cual sustituye oficialmente desde entonces. Aun así, los dos términos se utilizan tradicionalmente con el mismo sentido cuando se habla de la historia de Irán anterior al siglo XX.

El Imperio persa de los aqueménidas y de los sasánidas y el parto de los arsácidas abarcó territorios muy diversos que incluían desde mesetas montañosas a valles fluviales, desde desiertos salados a oasis de vida vegetal y animal, y desde amplios y fértiles territorios de costa a regiones de interior desérticas o semidesérticas.

Lo primero que tenemos que tener en cuenta es que no siempre los territorios conquistados y dominados por los persas, es decir, el Oriente Próximo (los actuales países de Egipto, Israel, Líbano, Jordania, Siria, Turquía, Iraq, Kuwait y los territorios controlados por la Autoridad Nacional Palestina) y el Oriente Medio (Irán, Pakistán, Afganistán y sus países limítrofes) tuvieron el mismo aspecto ni las mismas condiciones que poseen en la actualidad. Como amplios estudios científicos han demostrado, el aspecto de estas regiones ha variado con el paso de los siglos, debido tanto a la propia evolución natural del medio ambiente como a la acción activa y transformadora del hombre. Esta actuación se ha materializado en la deforestación de amplias zonas y en la sustitución progresiva de las especies vegetales y animales originarias, el impacto negativo del pastoreo sobre el territorio, de la caza centrada en determinadas especies, la progresiva erosión del suelo, la irrigación y la salinización de la tierra, la alteración natural y artificial de los diversos sistemas fluviales y más recientemente la polución del aire, del agua y del suelo, que ha traído consigo la sedentarización de grandes grupos humanos en determinados lugares. Todo ello ha llevado a la transformación de un territorio que ha variado lenta pero progresivamente con el paso de los años, de los siglos y de los milenios, y que tendría en el pasado un aspecto, seguramente, muy diferente al que podemos contemplar en la actualidad.

La hegemonía y el poder persa se extendieron por los territorios comprendidos entre las costas europeas orientales de la antigua Tracia (dividida en la actualidad entre Bulgaria, Grecia y la Turquía europea) hasta el curso del río Indo, que lo separaba del área cultural india, y desde las costas de los mares Negro, Caspio y Aral, en el norte, hasta el litoral de los mares Rojo y Arábigo y los golfos Pérsico y de Omán, en el sur.

Geográficamente, este imperio englobaba regiones y zonas muy diversas, aunque la mayoría del territorio estaba dominado por una serie de mesetas montañosas que lo atravesaban casi ininterrumpidamente desde Anatolia hasta el río Indo, y que está conformado por la meseta Anatólica, la gran cadena montañosa de los montes Zagros y la subsiguiente meseta irania, donde predomina en la actualidad el paisaje desértico.

El territorio de Irán propiamente dicho se sitúa justo al este de la antigua Mesopotamia, la gran llanura fértil situada entre los ríos Tigris y Éufrates, con la que está comunicado por dos pasos, las Puertas de Asia al norte y las Puertas Persas al sur. Son los montes Zagros los que componen la barrera montañosa que separa ambas regiones.

La zona de Elam, el actual Juzestán, en la zona suroccidental de Irán, no es más que la continuación de la llanura mesopotámica hacia el este, región que se erigió como el lugar donde se estableció la primera organización de carácter estatal de la región irania. Siguiendo la línea de costa hacia el este se halla la Persia propiamente dicha, una zona montañosa donde se situaron ciudades tan importantes como Persépolis o Pasargada, y cuyo río más importante es el Pulvar. Todavía más al este se sitúan las estribaciones orientales de los montes Zagros y las tierras bajas del Beluchistán (la antigua región de Gedrosia, dividida en la actualidad entre Irán y Pakistán).

El Irán actual sitúa sus fronteras con Afganistán tras la zona de cordilleras compuesta por las montañas Jam y las sierras Jibal, Toon y Palangan, que componen el grupo de las montañas orientales iraníes.

Si giramos desde la región del Beluchistán hacia el noroeste nos encontramos con dos grandes desiertos salados, el Lut, situado en la zona de la antigua región de Sargacia, y el Kavir, en las antiguas provincias de Partia y Media.

El territorio de Irán limita al norte con las cadenas montañosas de los montes Koppeh Dagh y los Elburz. Estos últimos están situados al sur del mar Caspio y poseen la cumbre más alta del país, el Demavend, con 5.671 metros de altura y cercano a la capital, Teherán. La estrecha franja costera entre los montes Elburz y la

Gran parte del territorio que ocupa Irán en la actualidad es árido o semiárido. El desierto del Lut presenta uno de los paisajes más inhóspitos de la Tierra.

costa del mar Caspio abarca la antigua región de Hircania y los territorios ocupados en el pasado por mardos y cadusios al oeste, una zona que, contrariamente al resto del país, disfruta de un clima cálido y húmedo, casi tropical, y que la ha convertido en la zona más habitada del país.

Al sur de Hircania y de vuelta en los montes Zagros, nos hallamos con los territorios de la antigua Media, la zona que fue habitada por el pueblo de los medos, emparentado con los persas y a los que precedieron como potencia hegemónica en la zona del Oriente Próximo durante el siglo VII y la primera mitad del VI a. C.

Pero el dominio persa no se limitó a las fronteras actuales de Irán, sino que también se extendió por otras zonas de Asia. Por el este, los persas ocuparon el territorio de los actuales Pakistán y Afganistán (las anti-

DASH-E-LUT, UN DESIERTO VACÍO Y SIN VIDA

La meseta irania posee en su interior algunas de las regiones más desoladas, áridas y calurosas de todo el planeta. Este es el caso del desierto del Lut, en persa Dasht-e-Lut, situado en el suroeste de Irán.

En esta región, que tiene una extensión de unos 80.000 km², se ha registrado la temperatura más alta del planeta, con 71°, en una zona conocida como Gandom Beriyan ('la Tostadora de Trigo', en persa), cuya superficie, de 480 km², está cubierta de lava volcánica negra que absorbe gran parte del calor solar en la zona. Es una región tan caliente que se tiene por abiótica, un medio donde no es posible la vida, ni siquiera la de las bacterias.

La parte más oriental del Lut está cubierta por un mar de dunas, y en su parte central presenta un territorio de carácter rocoso que ha sufrido la fuerte erosión del viento a lo largo del tiempo, esculpiendo un escenario fantasmagórico que se asemeja a las ruinas de una ciudad desierta, de donde proviene su nombre en persa, Shah-e Lut, o "Ciudad de Lut".

guas regiones de Maka, Aracosia, Bactriana, Gandhara, Drangiana Satagidia, Aria y parte de Gedrosia), por donde se extiende también la gran meseta irania, y limitado al este por el río Indo. Por el norte, se expandieron por la zona del Asia central (Kazajistán, Uzbekistán, Turkmenistán, Kirguistán y Tayikistán), donde instauraron las provincias de Sogdiana y Jorasmia, limitada esta última por el curso del río Sir Daria, el antiguo Yaxartes.

Por el oeste, la hegemonía persa se expandió de forma natural por las llanuras mesopotámicas; por la región de la Transcaucasia, la zona situada al sur de los montes Cáucaso que ocupan los actuales países de Armenia, Georgia y Azerbaiyán, por el territorio más amplio de la antigua Armenia, la península anatólica, la zona del Levante mediterráneo e incluso Egipto y la Cirenaica, llegando su influencia a lugares como el norte de la península arábiga o Macedonia.

3

Elam.
El vecino mesopotámico

PERÍODO ELAMITA ANTIGUO
(C. 2700 - C. 1500 A. C.)

Aunque la región de Irán estuvo habitada por grupos de homínidos desde tiempos prehistóricos, hasta el cuarto milenio antes de Cristo no se desarrolló en ella, y más concretamente en la zona del actual Juzestán y las tierras que lo rodean, la primera organización de carácter estatal. Esta civilización, conocida como Elam, estaba integrada por regiones muy diversas que incluían desde las fértiles llanuras situadas al este de Mesopotamia, a las regiones montañosas que las rodeaban tanto por el norte (Awan) como por el este (Anshan), esta última zona situada en las actuales provincias de Fars y Bushehr.

El nombre de Elam deriva de la versión acadiense del término *Hatamti*, con el que los elamitas escribían el nombre de su país, y cuya traducción podría ser 'la tierra del señor o tierra de Dios'. El término Elam aparece también en diversas páginas de la Biblia, de donde lo tomaron los historiadores para referirse al territorio situado al este de Mesopotamia y controlado por la ciudad de Susa.

La relación que se estableció desde muy pronto entre Mesopotamia y Elam se basó en el intercambio comercial de productos inexistentes en el territorio de los primeros, entre los que destacaban la madera; metales como el cobre, el plomo, el estaño o la plata; piedras como el basalto, el mármol, la diorita, el ágata, el jaspe o el lapislázuli, o animales como los caballos. Esta necesidad provocó que la relación existente entre ambas regiones se transformara con el tiempo, alternándose el comercio y el enfrentamiento militar como medios a través de los cuales los estados mesopotámicos conseguían apoderarse de los productos y materias primas que tanto necesitaban y les permitía, a su vez, consolidar su hegemonía política en la zona.

La primera referencia histórica que poseemos de Elam nos la proporciona la Lista Real Sumeria, documento en donde aparece el listado de los reyes de Súmer y de otros estados mesopotámicos. Nos informa de que Enmebaragesi (c. 2700 a. C.), penúltimo rey de la primera dinastía de Kish, ciudad situada en el norte de la región de Babilonia, «se apoderó como botín de las armas y de las tierras de Elam». A este primer enfrentamiento recopilado por las fuentes mesopotámicas le siguieron nuevos ataques, que persistieron durante la etapa en la que gobernó en Elam la dinastía de Awan, ciudad situada al norte de Susa, que ejerció una clara hegemonía en el territorio elamita entre los años 2500 y 2150 a. C.

Este período de hostilidad llegó a su fin con la aparición del rey Sargón de Acad (2334-2279 a. C.), que tras derrotar a Lukh-Ishshan (c. 2325 a. C.), octavo rey de la dinastía de Awan, ejerció un cierto dominio sobre Elam, centrado en el territorio de la ciudad de Susa, aunque no se anexionó el reino elamita de forma definitiva, ya que mantuvo en el poder a la dinastía derrotada.

Relieve en piedra calcárea proveniente de Susa que nos muestra al rey Kutik-Inshushinak arrodillado y ofreciendo un clavo fundacional, ofrenda que servía para conmemorar la construcción de un nuevo templo dedicado al dios Inshushinak. Detrás del monarca está representada, seguramente, su mujer, con gesto de intercesión.

El control acadio sobre Elam perduró hasta el reinado de Naram-Sin (2254–2218 a. C.), nieto de Sargón. Este monarca firmó, en el año 2250 a. C., un tratado con el rey Hita de Awan o con su sucesor Kutik-Inshushinak, los restos del cual se hallaron en las ruinas del templo del dios Inshushinak en la ciudad de Susa, documento que representa el primer texto importante conservado en lengua elamita.

Esta alianza no representó una mejora en las relaciones entre Elam y Acad, ya que poco después el propio Kutik-Inshushinak (c. 2240 a. C.), último monarca de la dinastía awanita recuperó la ciudad de Susa, liberándose así del dominio acadio, lo que le permitió, además, llevar a cabo diversas campañas militares en territorio mesopotámico. Pero esta situación no duró mucho tiempo, pues la invasión de los guteos, pueblo que habitaba la zona central de los montes Zagros,

Un sistema de gobierno diferente

El reino de Elam estaba constituido por una especie de federación, en la que varios príncipes y regiones estaban gobernados por un rey o *zunkir* de Anshan y Susa. A su lado estaba la figura de un virrey, normalmente el hermano menor del monarca, que residió primero en Awan, después en Shimaski y más tarde, probablemente, en Anshan. Por último existía también un príncipe de Susa, o *hal-menik*, que era el hijo mayor del rey. Este curioso sistema de gobierno se estructuraba en base a una triarquía, en la que el acceso al poder real se confería de forma fraternal, lo que otorgaba preeminencia en la sucesión al trono a los hermanos del soberano en vez de sus hijos.

El levirato y el incesto real también caracterizaban este sistema de gobierno, ya que era normal que el rey se casara con su hermana, en el caso de que tuviera, y que su hermano menor, al sucederle, hiciera de nuevo lo propio con la viuda, que era, al mismo tiempo, también su hermana.

Este tipo de gobierno, único en la historia, permitió a los reyes elamitas un mayor control y unión de las diversas regiones que integraban el reino al multiplicar por tres las sedes del poder, y se mantuvo activo durante toda la historia de Elam, aunque durante el primer milenio antes de Cristo el sistema hereditario de sucesión fue imponiéndose poco a poco.

contribuyó en gran medida a la caída, a finales del siglo XXIII a.C, tanto del imperio acadio como de la dinastía de Awan, la cual fue sucedida en Elam por la dinastía de Shimaski (2100-1970 a. C.)

El dominio de los guteos sobre Mesopotamia y parte de Elam se mantuvo alrededor de un siglo, tras el cual la hegemonía en la zona pasó a manos de la ciudad-estado de Ur, que creó un nuevo imperio cuyo poder se extendió incluso a territorio elamita. El rey Shulgi de Ur (2095-2048 a. C.) llevó a cabo diversas campañas militares sobre Elam y construyó un nuevo templo en Susa dedicado al dios Inshushinak. Además, sabemos de este rey que incorporó en su ejército tropas provenientes de Elam, que, dirigidas por un gran regente o *sukkal-mah*, ejercían funciones de patrulla y de control del territorio elamita y de las desprotegidas y peligrosas regiones de los montes Zagros. También sabemos que tres de los cinco reyes de esta dinastía sumeria, Shulgi, su hijo Shu-Sin y su nieto Ibbi-Sin casaron a una de sus hijas con príncipes elamitas.

La supremacía política de la ciudad de Ur finalizó con el reinado de Ibbi-Sin (2028-2004 a. C.) que, debilitado tras sufrir su reino un período de hambruna y dificultades políticas internas y externas, fue finalmente derrotado y capturado por el rey elamita Kindattu en el año 2004 a. C., que lo llevó como cautivo a Anshan, donde murió en el exilio. La ciudad de Ur fue saqueada, y una guarnición militar elamita se estableció en el lugar durante varios años.

Pero los frutos de la victoria elamita no se saborearon durante demasiado tiempo, ya que a principios del siglo XIX a. C., la dinastía gobernante de Shimaski fue reemplazada, sin que conozcamos aún las causas, por una nueva dinastía, la de los ebártidas, inaugurada por un tal Eparti, al parecer un advenedizo, que subió al trono de Elam hacia el año 1890 a. C. A esta nueva dinastía se la conoce también como la de los grandes regentes o *sukkal-mah*, y perduró en el poder hasta finales del siglo XVI a. C. Su fundador, Eparti, destacó, entre otras cosas, por ser el único rey elamita deificado en vida, una práctica mucho más común en tierras mesopotámicas y que puso en práctica con un claro objetivo de consolidación religiosa y política.

Aunque la primera etapa de gobierno de los ebártidas llevó a Elam a gozar de una posición de cierta hegemonía sobre Mesopotamia, la ascensión al poder del rey Hammurabi en Babilonia (1792-1750 a. C.) trastocó el equilibrio de fuerzas en toda la zona. Ante la amenaza que constituía el poder conseguido por este monarca, diversos pueblos y ciudades mesopotámicas de la zona de la actual Siria y de la región de los montes Zagros, se unieron al rey elamita Siwe-Palar-Huppak. Aun así, esta coalición no pudo someter a la fuerza el carácter del rey babilonio, que la derrotó en el año 1764 a. C., una victoria que le permitió dominar el territorio de Elam.

El espléndido poderío de Hammurabi se fue erosionando bajo el reinado de su hijo Samsu-Iluna (1749-1712 a. C.), una ocasión que no fue desaprovechada por Kutir-Nahhunte I (1730-1700 a. C.), uno de los más famosos reyes de Elam, que en el año 1711 a. C. marchó contra Mesopotamia, campaña en la que reivindicó haber conquistado treinta ciudades.

La historia de la dinastía de los grandes regentes cae en la oscuridad, como en el caso de las anteriores dinastías elamitas, tras el reinado de Kutir-Nahhunte I y de su hijo Tempt-Agun I (1698 – 1690 a. C.). Durante esta nueva época oscura se produjo el avance definitivo de un nuevo poder en Mesopotamia, el de los casitas, pueblo originario posiblemente del suroeste de Irán, que conquistó Babilonia en el año 1593 a. C., aunque se desconoce la influencia que estos hechos pudieran tener en Elam.

PERÍODO ELAMITA MEDIO (C. 1500 - C. 1100 A. C.)

Con la aparición de la nueva dinastía elamita de los kidinuidas (1500-1400 a. C.) se inició la etapa histórica conocida como Período Elamita Medio. Uno de los hallazgos más importantes pertenecientes a este período es, sin duda alguna, el descubrimiento de la

EL PODER Y LA AUTORIDAD DE UNA PRINCESA ELAMITA

Como ya hemos visto, y como ha sido habitual en la historia, la dirección de la política en Elam era un ámbito reservado a los hombres. Aunque, como es normal, siempre existieron mujeres capaces y ambiciosas que lucharon y consiguieron participar de este poder.

Este es el caso de la hermana del rey Shilkhakha (1830-1800 a. C.), segundo monarca de la dinastía ebártida, de la cual no conocemos su nombre. Esta reina parece que compartió el poder con su hermano, con el que seguramente estuvo también casada, lo que la llevó a convertirse, con el tiempo, en la «madre ancestral» de la dinastía. Así, los nuevos reyes ebártidas que la sucedieron tuvieron que demostrar, para legitimar su posición, su descendencia en relación con esta reina, llegando incluso a convertirse el término «hijo de la hermana de Shilkhakha» en un título oficial.

La afortunada reina sobrevivió a su marido y consiguió mantener un papel importante en la escena política elamita, ya que su hijo, el rey Sirktuh I, la nombró princesa de la ciudad de Susa, la única ocasión en que hallamos a una reina elamita ejerciendo directamente el poder.

tumba real de Tepti-Ahar, (c. 1400 a. C.), cuarto rey de esta dinastía, hallada en Haft Tepe, yacimiento situado a 10 km al sur de Susa. En este lugar se localizaron varias estructuras, entre las que destaca la posible tumba del propio rey. La sepultura, que estaba construida íntegramente con adobes, tenía forma de H alargada, con una estrecha entrada en su lado sur que daba acceso a una pequeña habitación que se abría, a su vez, a un amplio patio, en el centro del cual estaba

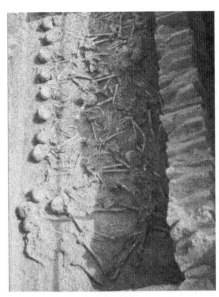

Excavación del recinto funerario adjunto al sepulcro del rey Tepti-Ahar, en Haft Tepe. En la tumba se dispusieron catorce cuerpos con la cabeza orientada al norte, mientras otros nueve estaban dispuestos de forma desordenada a sus pies.

dispuesta una plataforma de adobe, sobre la cual, segu-ramente, estaría ubicada una estela.

El muro norte de este patio se abría a otra habita-ción o pórtico alargado, tras el que se accedía a dos recintos funerarios. En el primero, situado en el lado derecho, las paredes estaban decoradas con motivos geométricos. El recinto, que se ha identificado como la tumba del propio Tepti-Ahar, contenía 21 esqueletos. El cuerpo del rey y el de su reina o doncella preferida estaban separados del resto.

En el segundo recinto, situado justo a la derecha del primero, de dimensiones un poco más reducidas, se identificaron 23 esqueletos más, distribuidos de forma muy precisa. El acceso a esta sala había sido bloqueado con escombros, y el techo abovedado había sido des-truido.

La disposición de los cuerpos en ambos espacios y el posterior bloqueo de uno de los recintos ha llevado a pensar en la realización de un ritual funerario tras el fallecimiento del soberano, que abocaría a la muerte a algunos de sus colaboradores, sirvientes y personal más próximo, e incluso a familiares y esposas del propio rey, que le acompañarían, de esta forma, en su camino hacia el más allá.

La amenaza casita se incrementó durante el reinado en Babilonia del rey Kurigalzu II (1332-1308 a. C.), que invadió Elam y devastó la región de Susa. Poco después de este ataque apareció en Elam una nueva dinastía, la de los igehálkidas, cuyo ascenso al poder se debió, seguramente, a un golpe de estado. Esta nueva dinastía tenía su origen en la ciudad de Deh-e-Now, un enclave situado a 20 kilómetros al este de HaftTepe, en la actual provincia iraní de Lorestán, y con ella se inició una nueva etapa que llevó a Elam a vivir uno de los momentos cumbre de su historia.

Con la llegada al poder del rey Untash-Napirisha (1275-1240 a. C.) asistimos a una auténtica edad dorada del reino de Elam. A nivel político, Untash-Napirisha llevó a cabo, como mínimo, una campaña militar en territorio mesopotámico, aprovechando la debilidad y fragmentación del poder de los reyes casitas, en la que se apoderó de la estatua del dios Immeriya, protector de la ciudad de Eshnuna, que trasladó a Susa.

El reinado de Untash-Napirisha destacó también por ser un período de florecimiento artístico y cultural y por el desarrollo de una amplia y diversa actividad constructiva. Esta última afectó a extensos territorios de su reino, pero se centró, sobre todo, en la capital, Susa, donde se han hallado once inscripciones de este monarca pertenecientes a diferentes construcciones religiosas que abarcan estatuas, templos o edificios religiosos dedicados a diversos dioses elamitas como

Inshushinak, Insnikarab, Kiririsha, Nahhunte, Napirisha, Pinigir o Shimut.

Pero si un proyecto destaca en el reinado de este rey fue la construcción de Al Untash-Napirisha (en acadio, la ciudad de Untash-Napirisha), una nueva capital situada a 40 kilómetros al sur de Susa, conocida en la actualidad como Choga Zambil.

La muralla exterior del nuevo emplazamiento se extendía a lo largo de cuatro kilómetros y englobaba una superficie de 100 hectáreas, donde se daba culto en diversos templos, santuarios y capillas, situados en el espacio delimitado entre la primera y la segunda muralla, a 25 divinidades diferentes, entre ellas elamitas, susianas y mesopotámicas.

Aun así, la estructura que más destaca en Choga Zambil es el enorme zigurat situado en el recinto delimitado por la tercera muralla interior. El zigurat estaba constituido por millones de ladrillos de barro y disponía de cuatro niveles o terrazas con una altura total de 12 metros. En el último nivel estaba emplazado el santuario dedicado a los dioses Napirisha e Inshushinak.

Cerca de la puerta real situada en el tramo nororiental de la muralla exterior, se hallaron, además, diversas estructuras interpretadas por su descubridor como palacios, y un sepulcro real o hipogeo subterráneo, en el que se localizaron cinco tumbas abovedadas construidas en ladrillo, de cuatro metros de altura cada una, cuyo acceso se realizaba a través de diversos tramos de escalera y donde se descubrieron varios esqueletos y restos de incineración, seguramente de carácter real, los primeros de este tipo hallados en el territorio de Elam. Los restos funerarios descubiertos en las tumbas subterráneas podrían pertenecer al propio Untash-Napirisha, a su mujer y reina, Napir-Asu, o a otros miembros de su familia.

Aunque Choga Zambil representó un colosal esfuerzo constructivo llevado a cabo con el objetivo de

Imagen aérea del yacimiento de Al Untash-Napirisha
(Choga Zambil), construido por el rey Untash-Napirisha, que nos
muestra el zigurat, los recintos amurallados y los diferentes
edificios y templos construidos en el emplazamiento.

crear una nueva capital, en realidad nunca pasó de ser
una especie de «ciudad santa» a la que el rey Untash-
Napirisha y su corte sólo realizaron alguna visita
ocasional y cuyo cuidado fue abandonado por sus propios descendientes.

El último rey de la dinastía igehálkida, Kiten
Hutran III (1235-1210 a. C.), también llevó a cabo
varias campañas militares en tierras mesopotámicas, en
las que luchó contra los reyes títeres de Babilonia establecidos por los asirios, cuyo reino estaba situado al
norte de Mesopotamia. Pero las campañas de Kiten
Hutran III no consiguieron otra cosa más que provocar la respuesta de estos, que poco tiempo después
atacaron Elam y llegaron, seguramente, a ocupar la
ciudad de Susa. No se sabe muy bien lo que pasó
entonces. Parece claro que Kiten Hutran III desapareció
de escena y que después de un período de caos en el

Estatua a tamaño natural de la reina Napir-Asu, esposa principal del rey Untash-Napirisha. La escultura muestra a la reina en un gesto de rezo perpetuo, con las manos cruzadas sobre el estómago. Museo del Louvre, París.

territorio de Elam surgió una nueva dinastía, la de los shutrúkidas (1205-1100 a. C.), originaria de la zona del sureste de Anshan.

Con la ascensión al poder de Shutruk-Nahhunte I (1185-1155 a. C.), segundo monarca de esta dinastía, llegamos a una de las épocas más brillantes de la historia de Elam. De Shutruk-Nahhunte se han hallado numerosas inscripciones que dan testimonio de su amplia actividad constructiva, si bien su reinado destaca, sobre todo, por las campañas militares que dirigió y por su actividad como «coleccionista» de trofeos arqueológicos.

Shutruk-Nahhunte demostró una gran pasión por la sustracción y recuperación de todo tipo de estelas, estatuas y mojones erigidos por reyes anteriores, tanto elamitas como mesopotámicos, y de los cuales se apoderó durante sus campañas militares, reubicándo-

LA PIEZA DE ARTE MÁS FAMOSA DE ELAM

En el año 1903 se descubrió, en el templo de la Acrópolis de Susa, dedicado a la diosa Ninhursag, la pieza que es, seguramente, la obra de arte elamita más famosa. Esta no es otra que la estatua de la reina Napir-Asu, esposa del rey Untash-Napirisha. La estatua, de 1,29 m de altura, 0,73 m de alto y 1.750 kilos de peso, consta de dos partes diferenciadas: el núcleo, compuesto por una aleación de estaño y bronce, y la cobertura externa, hecha en cobre y estaño, en la cual están realizadas las decoraciones.

La estatua no está completa, ya que le faltan la cabeza y el brazo izquierdo. La reina, representada con un vestido de manga corta decorado en la parte superior con una trama de círculos de punto, simulando, posiblemente, pequeños ojos, y en la parte inferior con estos mismos círculos, paneles con motivos geométricos y líneas onduladas en la base, muestra, también, un brazalete en su brazo derecho y un broche sujetado al vestido.

La escultura posee, asimismo, una inscripción, que no sólo identifica a la reina Napir-Asu, sino que incluye una maldición contra todo aquel que pudiera robar la estatua, fundirla o borrar de ella su nombre, una advertencia que ha permitido, sin duda alguna, que su efigie llegue, aunque sea dañada, hasta nosotros.

los en la ciudad de Susa. Entre estos botines destacan la estela del rey acadio Naram-Sin (s. XXIII a. C.), seguramente la estela que contiene inscrito el código de Hammurabi (s. XXIII a. C.), las estatuas del rey acadio Manishtusu (s. XXIII a. C.) y del dios Marduk, la principal divinidad babilonia, y algunas piezas recogidas en Choga Zambil, una actividad por la que le están muy agradecidos arqueólogos e historiadores, ya que gracias a su empeño coleccionista han podido ser recuperadas diversas joyas arqueológicas durante las excavaciones en la capital elamita.

Shutruk-Nahhunte y su hijo Kutir-Nahhunte llevaron a cabo varias campañas militares en Mesopotamia, que afianzaron la hegemonía elamita en la zona. Tal fue su éxito, que durante varios años la ciudad de Babilonia fue gobernada por el propio Kutir-Nahhunte. El rey elamita impuso un alto tributo a los pueblos vencidos. Tan sólo de las ciudades de Babilonia obtuvo 120 talentos (cerca de 3.600 kg) de oro y 480 talentos (14.400 kg) de plata, una cifra desorbitada para la época.

El último de los grandes reyes shutrúkidas fue Shilak-Inshushinak, que ascendió al trono de Elam en el año 1150 a. C. De este monarca se conservan unas 300 inscripciones, muestra de su gran actividad política y constructora. De su reinado provienen las dos únicas listas reales que poseemos del Período Elamita Medio. Una de ellas procede de los ladrillos inscritos que, elaborados en períodos anteriores, reutilizó el rey elamita en su reforma del templo del dios Inshushinak en Susa; y la otra de una de las estelas erigidas por el propio monarca. Ambas listas reales nos detallan el nombre de dieciséis reyes elamitas, que abarcan desde el reinado de Hutrant-Tempt (s. XXI a. C.) hasta el de su propio hermano mayor, Kutir-Nahhunte.

Shilak-Inshushinak también mostró una amplia piedad religiosa al ser uno de los reyes que más templos construyó y que más se esforzó en mantener los ya existentes en buenas condiciones.

También se conserva del reinado de Shilak-Inshushinak una de las piezas arqueológicas más importantes descubiertas en la ciudad de Susa, el *Sit Shamshi* ('Salida del Sol', en lengua elamita). Esta pieza de bronce es una representación de un ritual religioso de la época, que posee, además, una inscripción. El *Sit*

Bronce conocido con el nombre de Sit Shamshi, descubierto
en el área del templo de Ninhursag, en la Acrópolis de Susa
y perteneciente al reinado del rey Shilak-Inshushinak.
La pieza muestra un ritual religioso en acción, por lo que
nos permite conocer un poco mejor las prácticas religiosas
de la época. Museo del Louvre, París.

Shamshi consiste en una base plana de 60 x 40 cm que
soporta un par de figuras masculinas desnudas y dispuestas en cuclillas. Una de ellas muestra un recipiente
en sus manos, mientras que la otra mantiene las suyas
extendidas. Las dos figuras masculinas están rodeadas
por diversos objetos, como estructuras escalonadas, que
recuerdan las formas de un zigurat, dos piletas rectan-
gulares, una gran tinaja ovoidal, diversas representaciones
esquematizadas de árboles, algo parecido a una estela,
una plataforma en forma de L y dos hileras con cuatro
semiesferas cada una. Aunque la interpretación del
objeto es incierta, se ha relacionado con algún tipo
de ritual de purificación del espacio dedicado a los
sacrificios y libaciones religiosas o con una ceremonia funeraria real.

A Shilak-Inshushinak le sucedió en el año 1120 a. C.
su sobrino Hutelutush-Inshushinak (1120-1110 a. C.),

aunque los días dorados del reino de Elam iban llegando a su fin. En Babilonia pronto apareció la figura
de Nabucodonosor I (1125-1103 a. C.), el rey que
pondría fin a la hegemonía elamita en tierras mesopotámicas. En el año 1110 a. C., Nabucodonosor I se
enfrentó a Hutelutush-Inshushinak a orillas del río
Ulai (actual Karun), donde derrotó al ejército elamita.
Esta victoria permitió a Nabucodonosor I invadir Elam
y saquear su territorio, incluida la ciudad de Susa, aunque renunció a establecer un control permanente sobre
el territorio conquistado.

Tras la conquista babilonia se cierne de nuevo la
oscuridad sobre el territorio de Elam, del que no poseemos durante esta etapa fuentes escritas que nos
iluminen sobre su historia. Aún así sabemos que fue
en esta época oscura, hacia el año 1000 a. C., cuando se
produjo la llegada de los pueblos arios, entre ellos
medos y persas, al escenario histórico y político del
Próximo y Medio Oriente, de los cuales nos ocupare-
mos en el capítulo siguiente.

PERÍODO NEOELAMITA (C. 1000-539 A. C.)

La posterior etapa de la historia de Elam es conocida como Período Neoelamita y se extiende desde
inicios del primer milenio antes de Cristo hasta la conquista de Babilonia y Mesopotamia, en el año 539 a. C.,
por parte del rey persa Ciro II.

En este período la hegemonía política y militar en
la zona del Próximo Oriente estuvo en manos del
Imperio asirio, lo que obligó a Elam y a Babilonia, enemigos históricos, a mantener una alianza constante
para hacer frente a la nueva potencia. También fue
característica de esta etapa de la historia elamita la
continua desestructuración política del territorio constituido por el reino de Elam, hecho que no le permitió

hacer frente a las amenazas que constituyeron primero los asirios y más tarde medos y persas.

La primera noticia que poseemos de la historia de Elam durante el primer milenio antes de Cristo nos sitúa en el año 813 a. C., cuando tropas elamitas prestaron auxilio al rey babilonio Marduk-Balassu-Iqbi en su enfrentamiento contra el rey asirio Samshi-Adad V (823-811 a. C.). Esta alianza se mantuvo bajo el reinado del rey Humban Nikash (742-717 a. C.), que volvió a apoyar a Babilonia en el año 720 a. C. ante la amenaza del nuevo rey asirio Sargón II (721-705 a. C.) al que consiguió vencer en el campo de batalla.

El sucesor de Humban-Nikash, Shutur Nahhunte, (717-699 a. C.) fue uno de los reyes más destacados de este período. El nuevo soberano cambió su nombre por el de Shutruk Nahhunte II y reclamó para sí mismo la descendencia de la dinastía Shutrúkida. Este soberano inició una política de expansión territorial que dirigió hacia la zona del actual Irán, en la región oriental de los montes Zagros.

Nuevos enfrentamientos entre Babilonia y Asiria se originaron en los últimos años del reinado de Sargón II y de su hijo Senaquerib (704-681 a. C.), en los cuales los elamitas se pusieron de nuevo del lado babilonio, a cuyo rey Merodach-Baladan enviaron tropas que fueron derrotadas por el ejército asirio cerca de la ciudad de Kutha, en el norte de Babilonia. Todos estos conflictos afectaron al reino de Elam de forma directa, ya que tres de sus reyes murieron, durante estos años, como consecuencia de revueltas o golpes de estado internos, lo que nos informa del desorden político y social que vivía Elam en aquellos momentos de continuos enfrentamientos con Asiria.

La paz no llegó hasta que en el año 674 a. C. el rey elamita Urtaki firmó un tratado con el nuevo soberano asirio Asarhaddón (680-669 a. C.). Este monarca fue sucedido en el año 669 a.C por su hijo Asurbani-

Relieve de la victoria del palacio de Asurbanipal en Nínive. Esta obra de arte nos muestra los efectos de las campañas asirias contra Elam. La imagen muestra la ciudad elamita de Hamanu en llamas y a diversos soldados asirios derribando sus murallas con picos y palancas, mientras otros se llevan el botín. Museo Británico, Londres.

pal (668-627 a. C.), que durante sus primeros años de reinado mantuvo el tratado de paz firmado por su padre, lo que incluyó el envío de grano a Elam para aliviar la fuerte hambruna que allí se estaba sufriendo y la acogida de refugiados elamitas en Asiria hasta que la situación mejorara en su país.

Pero las relaciones entre Asiria y Elam fueron empeorando con el paso de los años, lo que provocó un nuevo conflicto entre el rey elamita Tepti-Humban-Inshushinak (c. 668–653 a. C.) y Asurbanipal, que se saldó con la derrota definitiva del primero ante las tropas asirias en el año 653 a. C. El rey asirio conmemoró su gran triunfo sobre Elam decorando los palacios de la ciudad de Nínive con relieves que describían su victoria y la posterior celebración, paneles que estaban acompañados de epígrafes explicativos, lo que convertía, así, algunas de sus salas en una especie de museo de la victoria.

No fue esta la única campaña que Asurbanipal tuvo que dirigir contra Elam ya que después de esta derrota la inestabilidad se multiplicó en este territorio y en la vecina Mesopotamia, regiones que intentaron, de nuevo, deshacerse de la hegemonía asiria. Asurbanipal volvió a vencer a todos sus enemigos, y saqueó un gran número de ciudades elamitas. En el año 647, o tal vez en el 646 a. C., el rey asirio tomó la ciudad de Susa, lo que le permitió apoderarse de lo que quedaba del tesoro real. El saqueo de Susa se prolongó un mes y veinticinco días, durante los cuales se arrasó el zigurat de la ciudad y se abrieron y destruyeron las tumbas de antiguos reyes elamitas, cuyos huesos fueron transportados como trofeo a Asiria.

Como castigo por la rebeldía ante el poder asirio se obligó, además, al rey elamita Humban-Kaltash III, junto a otros cautivos, a tirar del carro de Asurbanipal en la celebración de la nueva victoria en Nínive. Parte de la población elamita fue deportada, como era práctica habitual en la época, a otras regiones como Siria o Samaria, además de incorporar a un gran número de los vencidos en el ejército asirio.

Pocos datos históricos conocemos sobre la historia de Elam posterior a la victoria de Asurbanipal. Parece que el reino elamita consiguió reponerse a esta gran derrota y mantener algún tipo de independencia y unidad territorial ante la amenaza del renovado poder babilonio. Aún así, nuevos pueblos, entre ellos medos y persas, que se habían introducido recientemente en la historia del Próximo y Medio Oriente, iban a tomar el relevo político en toda la zona, para acabar configurando uno de los imperios más extensos de la Antigüedad.

Susa. La capital del reino de Elam

La ciudad de Susa estaba ubicada al noreste de la región de Juzestán, a orillas del Shaur, un pequeño afluente del río Karkhe. Este emplazamiento estuvo habitado de forma casi ininterrumpida desde el año 4200 a. C. hasta la conquista mongola en el siglo XIII d. C.

El descubrimiento de la ciudad se produjo en el año 1850, durante las tareas de reconocimiento de la misión británica dirigida por el geólogo y arqueólogo William Loftus, encargada de establecer las fronteras en disputa entre los imperios otomano y persa. Al año siguiente se realizaron los primeros sondeos en la zona dirigidos por el propio Loftus.

La antigua ciudad comprende una extensión de más de 550 hectáreas y está compuesta por cinco áreas principales: la Acrópolis, al oeste; la zona de la Apadana o palacio de Darío al norte; la plaza de armas, en la zona central; la Ville Royal al este y la zona del torreón al sur.

La Acrópolis, o parte alta de la ciudad, estuvo dominada durante las etapas iniciales de ocupación de la ciudad (4200-3500 a. C.) por una plataforma maciza construida en piedra, cerca de la cual se localizaron alrededor de 2.000 enterramientos adultos acompañados de cerámica y otros objetos funerarios. Próxima a esta plataforma se situaba una enorme terraza escalonada de más de doce metros de altura y 80 metros de longitud. Ambas estructuras nos dejan bastante claro que Susa era, en esta época, el centro regional de la zona.

Este sector de la ciudad mantuvo un papel religioso importante durante la historia posterior de Susa. En ella se situaba una área sagrada llamada *kizzum*, donde estaba emplazado el gran zigurat, que, incluía, en su nivel superior, un *kukunnum* o santuario dedicado al dios supremo elamita Inshushinak y un

Reconstrucción de parte de la fachada del templo del siglo XII a. C. dedicado al dios Inshushinak, en Susa, que representa a un hombre-toro, un árbol y una mujer o diosa. Museo del Louvre, París.

templo inferior o *hastu*. El zigurat, que estaba decorado con cuernos, una práctica típica de la zona de la meseta irania, se hallaba situado en medio de una pequeña arboleda sagrada, protegida por una muralla con puertas lujosamente decoradas. Nunca se han hallado restos físicos de esta construcción, debido, seguramente, a que fue destruido en la Antigüedad, aunque se tienen de él pruebas iconográficas y menciones en las fuentes escritas.

En la primera mitad del segundo milenio antes de Cristo, Susa experimentó una fuerte expansión que la llevó a convertirse en una ciudad importante, con una población superior a los 20.000 habitantes. En este período se localizan enterramientos en el interior de la ciudad en los que el cuerpo de los difuntos, acompañados de sus ajuares funerarios, estaba cubierto por sarcófagos de cerámica en forma de bañera y colocado boca abajo.

El Palacio Real, o *hiyan*, del que no han sobrevivido restos arqueológicos importantes, fue construido en el mismo lugar donde posteriormente el rey persa Darío I (522-546 a. C.) erigió su palacio. Su precedente elamita poseía un templo, el más ricamente decorado de toda la ciudad. En sus fachadas externas mostraba una decoración en ladrillo vidriado que representaba de forma alternada una mujer o diosa, un árbol representado de forma estilizada y un hombre-toro. Este templo fue restaurado por Kutir-Nahhunte y completado por Shilak-Inshushinak, y en su interior poseía un recinto en el que se custodiaban estatuillas de la familia real y las insignias del poder.

El palacio estaba rodeado por lujosas viviendas situadas en la zona denominada Ville Royale A por los arqueólogos franceses que la excavaron, las más antiguas de las cuales se construyeron hacia el año 1700 a. C. Estas viviendas pertenecían a los miembros de la corte y a comerciantes ricos de la ciudad y poseían hogares, que se utilizaban tanto en la calefacción como en la cocina, e incluso baños y letrinas. Tiempo después, se establecieron en la zona oriental de la ciudad algunos barrios populares habitados por tenderos, artesanos y trabajadores.

Bajo la dinastía de los shutrúkidas, en el siglo XII a. C., Susa vivió el momento más esplendoroso de su historia. Los reyes de esta dinastía construyeron nuevos edificios religiosos y administrativos y reformaron otros ya existentes de la zona de la Acrópolis, utilizando para ello ladrillos cocidos y vidriados en lugar de ladrillos secados al sol. Además, decoraron la ciudad con los múltiples trofeos, estatuas y estelas saqueados a sus enemigos mesopotámicos.

Dos de los templos más importantes de la ciudad fueron el construido en la Acrópolis por el rey sumerio Shulgi a finales del tercer milenio antes de Cristo y dedicado a la diosa Ninhursag, donde fueron hallados la estatua de Napir-Asu, esposa del rey Untash-Napirisha y el Sit Shamshi, dedicado por el rey Shilak-Inshushinak. También al rey Shulgi se debe la primera construcción del templo dedicado a Inshushinak, el principal dios de la ciudad, que fue varias veces reformado durante esta época.

En el Período Neoelamita, la posición de Elam y de su capital, Susa, se vio afectada por la inestabilidad política y militar del momento. Por el contrario, la conquista persa en el año 550 a. C. no hizo otra cosa más que potenciar la dignidad de la ciudad elamita, al convertirla el rey Darío I en una de sus capitales, donde construyó un nuevo palacio y una Apadana o complejo oficial, una importancia que continuó con el rey Artajerjes II cuando este ordenó construir un nuevo complejo palaciego en la ciudad a principios del siglo IV a. C.

4

La llegada de
los creadores de imperios

LOS PUEBLOS IRANIOS

En el tránsito entre el segundo y el primer milenio antes de Cristo se produjeron grandes cambios que marcaron la historia en la zona del Próximo y del Medio Oriente. Es en estas fechas, entre los años 1000 y 800 a. C., o incluso un poco antes, en las que se sitúa la llegada de los pueblos de origen iranio a las regiones montañosas situadas al este de Mesopotamia. Este período de migraciones, que tenía su origen en los territorios esteparios situados al norte de los mares Negro y Caspio y en gran parte del actual Kazajistán, fue protagonizado por diversos pueblos, entre los que destacaron los medos y los persas, aunque su llegada no fue un fenómeno aislado, sino que estuvo acompañada de la de otros pueblos, también de origen iranio que, como ellos, se pusieron en movimiento en esta época. Entre ellos hallamos a hircanos y partos que se establecieron al este del mar Caspio, a bactrianos y sogdianos asentados al norte del Hindukush y a arios, drangianos y aracosios, que se instalaron en la zona más oriental de la meseta irania.

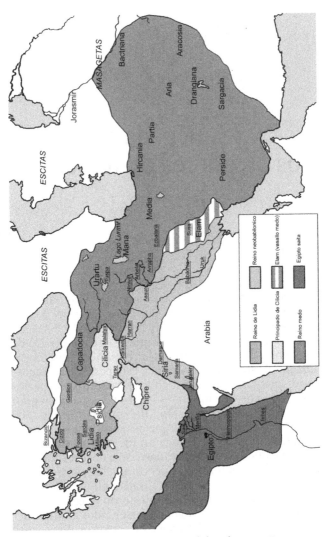

El Imperio medo a inicios del siglo VI a. C.

Relieve de las escaleras orientales de la Apadana o sala de audiencias hipóstila en Persépolis, construida por Darío I (522-486 a.C), en el que fueron esculpidos los representantes de todas las naciones sometidas por los persas ofreciendo tributo al Gran Rey. Este detalle muestra a dignatarios bactrianos vestidos al estilo de la caballería meda.

El asentamiento de los medos se produjo en la región de los montes Zagros comprendida entre la actual ciudad de Hamadán, la antigua Ecbatana, y el monte Demavend, en la cordillera de los Elburz. A su llegada a la zona, los medos estaban divididos en diversos grupos o tribus que no estaban unificados política ni militarmente, por lo que poseían un gran número de jefes tribales que acabaron asentándose en diferentes regiones habitadas previamente por otros pueblos, entre ellos urartios, maneos, cadusios, hurritas o casitas. Los persas, por su parte, se acabaron estableciendo más al sur, en el territorio de Anshan, una zona que, como ya sabemos, había formado parte hasta entonces del reino de Elam.

Desde el principio fue el medo el pueblo que atrajo la atención de los asirios que, ya sabemos, eran la superpotencia que dominaba Mesopotamia y el Próximo

La Real cacería del León, relieve localizado en el palacio
norte de Nínive donde destaca la figura de Asurbanipal,
el último gran monarca asirio, cazando un león, actividad
considerada como «deporte» de reyes en la antigua Asiria
(s. VII a. C.).

Oriente en esos momentos. A partir del siglo IX a. C.,
los monarcas asirios iniciaron una enérgica expansión por el territorio de los Zagros, que tenía como
objetivo controlar la gran ruta comercial del Jorasán
que unía Mesopotamia con el Oriente Medio y
hacerse con los recursos, en forma de botín y tributos, extraídos a los pueblos situados en la zona. Fue,
así, durante el reinado de Salmanasar III (858-824 a. C.)
cuando hallamos la primera noticia relativa a los
medos en las fuentes asirias, que nos informa de que
durante el regreso de una campaña militar dirigida
contra el territorio de Namri, situado en el tramo
alto del río Diyala, las tropas asirias atravesaron el
valle del Hamadán, donde hallaron instalados a los
medos.

Un poco más tarde, en el año 815 a. C., su hijo
Shamshi-Adad V conquistó la ciudad de Sagbita, la

capital de uno de los jefes medos, y sometió a otras tribus, a las que impuso un tributo que fue pagado con caballos, reses y productos manufacturados. Las campañas asirias dirigidas hacia territorio medo fueron constantes a partir de entonces, lo que les permitió no sólo seguir apoderándose de los recursos de la zona, sino también establecer una dominación provincial sobre, al menos, una parte del territorio ocupado por los medos, una organización que se mantuvo inestable e insegura a lo largo de todo el período.

Como consecuencia directa de la hegemonía asiria desplegada en la zona, los pueblos asentados en la región sufrieron un paulatino proceso de acercamiento hacia los medos, provocado por la necesidad de organizar algún tipo de oposición conjunta ante el poderío asirio. Aunque este no siempre era rechazado frontalmente por los jefes tribales medos, sino que, muy al contrario, era a veces muy bienvenido, como lo demuestra la solicitud de ayuda, fechada poco después del año 677 a. C., que tres jefes medos, Uppis de Partakku, Zanasana de Partukka y Ramataia de Urukazabarnu, realizaron al rey asirio Asarhaddón durante las luchas que aquellos estaban llevando a cabo contra otros jefes tribales vecinos. Este hecho nos muestra, además claramente, que las diversas tribus medas estaban en estos momentos muy lejos de conformar un conglomerado unido y pacífico.

La fortuna ha permitido que también llegara hasta nosotros otro documento donde reaparece el nombre de uno de estos tres jefes. Este texto, conocido como los *Juramentos de fidelidad* del año 672 a. C., fue redactado con motivo de la sucesión en el trono asirio de Asurbanipal. Entre los siete nombres que se han conservado en este juramento aparece de nuevo el de Ramataia, jefe tribal medo que ofreció su apoyo y reconocimiento tanto al rey Asarhaddón como a su hijo.

Poco podían suponer los asirios que durante ese mismo año se acabaría fraguando una rebelión contra su hegemonía en la región de los Zagros, en la que se alzaron diversos pueblos de la zona, entre ellos los propios medos y los maneos, situados al sureste del lago Urmia y el reino de Ellipi, en la zona de la actual Kermanshah, movimiento de rebelión en el cual destacó uno de los jefes medos llamado Kashtaritu, que jugó un papel decisivo en la dirección y unificación meda. El éxito de esta revuelta, que se extendió a otras regiones montañosas vecinas, permitió alcanzar la independencia a la mayoría de las tribus medas. Libres, a partir de ahora, de la inferencia y de la dominación asiria, los medos iniciaron un camino que los llevó a convertirse, en poco tiempo, en el poder dominante en toda la zona.

LA DINASTÍA MEDA

Para reconstruir la historia de los medos contaremos, a partir de este momento, con la ayuda de las fuentes griegas, y muy especialmente con *Los nueve libros de la historia* de Heródoto, historiador y geógrafo del siglo V a. C., conocido desde la Antigüedad como el «padre de la historia». Heródoto recogió en su obra el pasado tanto de las ciudades-estado griegas como de los reinos y ciudades del Asia, en la cual incluyó la historia de medos y persas. Por desgracia, la veracidad de los pasajes de Heródoto que tratan sobre la etapa inicial de la historia de los medos no es todo lo fiable que cabría esperar, por lo que tenemos que completar nuestro conocimiento sobre estos primeros años de la historia meda con la información proveniente de las fuentes asirias y babilonias.

Aunque no existe una unanimidad absoluta, la mayoría de los historiadores han tendido a identificar al Kashtaritu de las fuentes asirias con Fraortes, el rey que según Heródoto fue el fundador de la potencia de los medos. De Fraortes/Kashtaritu sabemos que era hijo de Deioces, noble elegido rey por los medos en una asamblea reunida en el año 701 a. C., debido, seguramente, a la necesidad de estos de establecer una defensa organizada y común ante los ataques que sufrían por parte de los pueblos vecinos, principalmente de los asirios. Deioces organizó un nuevo reino y creó una nueva capital, Ecbatana, aunque no pudo unificar en él a todas las tribus medas. El reinado de Deioces sobre Media se prolongó durante 22 años, tras los cuales fue sucedido por su hijo Fraortes (678-625 a. C.). Aunque el texto de Heródoto es claro y meridiano con respecto a la importancia de la figura de Deioces, hemos de considerar que éste no sería, seguramente, nada más que un simple cabecilla medo que no haría otra cosa que iniciar el proceso de unificación de las diferentes tribus medas.

Fraortes, el verdadero unificador y fundador del reino medo, continuó con la obra de consolidación y organización que había iniciado su padre. Para ello lideró, en el año 672 a. C., la ya citada revuelta contra el dominio asirio, del cual liberó a gran parte de las tribus medas.

Heródoto sitúa durante el reinado de Fraortes el sometimiento de los persas por parte de los medos, un acontecimiento que se ha de situar tras el año 642 a. C., cuando sabemos, a través de las fuentes asirias, que dos cabecillas iranios, Pizlume, rey de Hudimiri, y Kurash de Parsumah, ofrecieron tributo al rey asirio Asurbanipal al conocer su reciente y decisiva victoria sobre Elam. Además, Kurash envió a su hijo Arukku a Nínive, como señal de homenaje al vencedor y como rehén y garantía de sus buenas intenciones. A este Kurash se le ha identificado frecuentemente con el rey Ciro I de Persia, lo que nos mostraría a un soberano aún indpendiente corriendo a mostrar su vasallaje y el de su pueblo ante los asirios, que estaban combatiendo muy cerca de su territorio. Estos hechos han obligado a muchos especialistas a considerar posible que la dominación meda sobre los persas se llevara a cabo en el reinado de Ciaxares, el sucesor de Fraortes, durante el cual Media alcanzó su máxima expansión territorial.

Para entender mejor la última etapa del reinado de Fraortes hemos de retroceder un poco en el tiempo, al momento de la llegada al territorio del Próximo Oriente de los escitas, pueblo nómada de lejano origen iranio que marcó la historia de la región durante los años centrales del siglo VII a. C. Los escitas provenían de los territorios del Asia central y aparecen citados por primera vez en las fuentes asirias a partir de los años 680-669 a. C., no sin antes haber invadido y expulsado de sus territorios a los cimerios, otro pueblo nómada también de origen iranio situado en las llanuras que se extienden al norte del mar Negro. Una vez llegados los escitas en tromba a la zona del Próximo Oriente, los asirios vieron en ellos la aparición de un poderoso aliado en su política expansionista en la zona de los montes Zagros, por lo que Asarhaddón pactó con ellos una alianza que le permitió arrendar sus servicios. De esta forma los asirios emprendieron, ayudados por contingentes escitas, diversas campañas contra el reino de Urartu, situado en los actuales territorios de Azerbaiyán y Armenia, y contra los propios medos. Fue, seguramente, durante alguna de estas campañas cuando Fraortes halló la muerte, ya fuera a manos de los asirios o de sus aliados escitas, tras lo cual estos últimos se apoderaron de Media, territorio que dominaron, según Heródoto, durante 28 años (653-525 a. C.), en los cuales se limitaron a saquear y a imponer tributos y contribuciones a sus habitantes.

A Fraortes le sucedió en el trono su hijo Ciaxares (625-585 a. C.), que se propuso muy pronto revertir en su favor la situación a la que estaba reducido su reino, por

Relieve de las escaleras orientales de la Apadana, en Persépolis. En él podemos ver a los representantes escitas, con sus característicos gorros puntiagudos, que presentan sus regalos ante el rey Darío I.

lo que fue uno de sus primeros objetivos sacudirse el dominio escita. De alguna forma que aún desconocemos, Ciaxares consiguió darle la vuelta a la situación y pasar de ser un simple súbdito de los escitas a convertirse en su aliado, al que aquellos proporcionaron contingentes militares. El siguiente paso que dio Ciaxares fue la reforma del ejército medo, y lo hizo adaptando tanto elementos asirios como escitas, innovaciones que heredó más tarde el ejército persa. Así pues, el ejército medo pasó a estar compuesto por una bien entrenada fuerza de jinetes a caballo (*asabari*), a la que se le sumaban contingentes de arqueros (*anuvaniya*) y de lanceros (*rsika*), e incluso algún contingente de ingenieros y máquinas de asedio. Ciaxares incluyó en su nuevo ejército contingentes de jinetes escitas, que se convirtieron en una pieza clave de la milicia meda, a la que aportaron un alto dominio de la caballería y de destreza en el uso del arco.

Tablilla de barro cocido escrita en caracteres cuneiformes. Contiene una parte de la crónica de Nabopolasar que relata la campaña medo-babilonia llevada a cabo contra los asirios. Época Neobabilonia (550-400 a. C.). Museo Británico, Londres.

Reformado el ejército y consolidada la alianza de los escitas, Ciaxares dirigió su mirada hacia Asiria, que vivía momentos de clara debilidad tras la muerte, en el año 627 a. C., de Asurbanipal, su último gran monarca. A las luchas internas por el poder en Asiria protagonizadas por sus hijos, se sumó la revuelta de Nabopolasar en Babilonia, que fue nombrado rey en el año 626 a. C. El nuevo monarca babilonio, no contento con recuperar la independencia de su reino, inició en el año 616 a. C. una campaña contra los asirios, que coincidió con las operaciones militares que los medos de Ciaxares llevaron a cabo también contra ellos. En el año 614 a. C. Ciaxares atacó Nínive, aunque su tentativa no tuvo éxito y no pudo tomar la urbe, por lo que poco después se dirigió hacia la ciudad de Asur, la capital «espiritual» asiria, en cuyas proximidades se encontraron las fuerzas medas y babilonias. Ambos enemigos de Asiria pactaron entonces una alianza entre ellos que fue sellada con el enlace matrimonial entre Amytis, hija de Ciaxares, y Nabucodonosor, hijo de Nabopolasar.

Esta alianza permitió a medos y babilonios dar el golpe de gracia al poder asirio con la toma en el año 612 a. C. de su capital, Nínive, que cayó después de tres meses de asedio. La resistencia asiria perduró aún algunos años más, aunque no pudo hacer frente a la alianza entre medos y babilonios, que acabó definitivamente con ella en el año 605 a. C., tras la derrota asiria en Carquemís. Llegaba a su fin, así, uno de los imperios mesopotámicos que había regido durante siglos la historia del Próximo Oriente antiguo, y se creaba un nuevo equilibrio de fuerzas que perduraría hasta la creación del Imperio aqueménida por parte del persa Ciro II, y que incluía a cuatro poderosos estados en la zona: Egipto, Babilonia, Media y Lidia, reino este último situado en el este de la península anatólica.

Los vencedores se repartieron el botín obtenido, aunque la mayoría del territorio quedó en manos babilonias. Aun así, Ciaxares obtuvo el control de las tierras altas situadas al norte de Asiria. Esta gran victoria no significó, sin embargo, el final de las conquistas medas, ya que poco después Ciaxares ocupó las regiones situadas al sur y al este del mar Caspio, habitadas por partos e hircanios, y el reino de Urartu, cuya capital, Tuspa (la actual ciudad turca de Van) tomó en el año 609 a. C.

Si bien el poderío y el dominio de los escitas había disminuido tras la independencia conseguida por los medos, y aunque la mayoría de ellos había regresado a su territorio de origen situado al norte del Cáucaso, aún quedaban algunos grupos independientes situados en las regiones montañosas del norte, contra los que Ciaxares inició en el año 590 a. C. nuevas campañas militares, decidido a acabar definitivamente con su presencia en la zona. La ofensiva meda obligó a los escitas a retirarse a Anatolia hacia el reino de Lidia, gobernado entonces por el rey Aliates. La negativa de este rey a entregar a Ciaxares los grupos escitas refugiados provocó un nuevo enfrentamiento que se prolongó durante cinco años y que sólo pudo finalizar gracias a la mediación de babilonios y cilicios, habitantes estos últimos de un pequeño reino situado en la costa suroriental del Asia Menor, estableciéndose la frontera entre Media y Lidia en el curso del río Halys, el actual Kizil Irmak. Esta alianza fue confirmada con un nuevo enlace matrimonial entre Astiages, hijo de Ciaxares, y Aryenis, hija del rey de Lidia.

Aunque no se pueden ubicar cronológicamente de forma certera, sería seguramente durante el reinado de este monarca cuando se produjeron las campañas militares en Oriente que llevaron a los medos si no a conquistar amplios territorios situados en el Jorasán, la Sogdiana, la Bactriana y la Drangiana, sí a someter parte de estas regiones.

Ciaxares murió en el año 585 a. C., convirtiéndose en el rey medo que más territorios había incorporado a su reino y en el monarca que había creado las bases del Imperio medo. El trono pasó a manos de Astiages (585-550 a.C), que inició su reinado, según parece, dirigiendo algunas expediciones militares contra Armenia y sobre el territorio de los cadusios, situado en las orillas orientales del mar Caspio.

De Astiages sabemos también que llevó a cabo una importante reforma de la corte meda en la que tuvo como modelo, una vez más, a los estados próximoorientales, y sobre todo, al desaparecido Imperio asirio. Una reforma que no fue del agrado de todos sus súbditos, ya que tenía como objetivo centralizar y unificar las estructuras políticas del reino, una característica más propia de los estados mesopotámicos que de la organización política mucho más laxa y débil que la de los medos. Este hecho provocó que una parte de la nobleza viera

El eclipse que detuvo una guerra

En una época como la Edad Antigua, en la que el saber y el conocimiento científico no estaban apenas desarrollados y en la que no existía una explicación ni para la mayoría de los fenómenos de la naturaleza ni para los hechos extraños que acompañaban la vida cotidiana de los hombres, estos misteriosos sucesos se acostumbraban a interpretar como mensajes enviados por los dioses o bien como avisos seguros de algún acontecimiento, positivo o negativo, que se tenía que producir.

Esto es lo que pasó durante la guerra que se inició en el año 590 a. C. entre medos y lidios, provocada por la negativa del rey Aliates de entregar a Ciaxares las tribus escitas que se habían refugiado en su reino. Después de cinco años de infructuosos enfrentamientos para ambos bandos, se produjo un eclipse solar justo en el momento en el que se estaba librando una nueva batalla. El prodigio, datado astronómicamente el 29 de mayo del año 585 a. C., provocó terror entre los ejércitos enfrentados, y fue interpretado como una desaprobación divina ante su larga y trivial disputa, lo que movió a ambos reyes, según Heródoto, a concluir la paz.

con malos ojos la reducción de sus prerrogativas y derechos ancestrales.

Parece ser que la última etapa del reinado de Astiages, de la que hablaremos en el próximo capítulo en relación con la ascensión del rey persa Ciro II, estuvo dominada por el lujo, los excesos y las extravagancias del monarca, que fue provocando de forma progresiva la oposición de sus súbditos. Aun así, en su reinado hemos de situar el pacto matrimonial que, según algunos autores griegos, se llevó a cabo entre medos y persas y que consistió en el enlace entre Mandane, la hija de Astiages, con el rey persa Cambises I. Sea o no real esta alianza matrimonial entre Persia y Media, su mención presagia ya la intensa relación que en breve se produciría entre ambos reinos y que llevaría a la creación del Imperio aqueménida, un episodio que, como cualquier etapa fundacional, está enmarcado en halos de leyenda.

ESTADO, ECONOMÍA, SOCIEDAD Y RELIGIÓN MEDA

Después de recorrer brevemente la historia del reino medo, podemos adentrarnos, con algo más de detenimiento, en el conocimiento de algunos aspectos más específicos de ella, como son su organización política, social y económica o la religión meda.

Hemos presenciado la llegada de los pueblos iranios a la zona del Próximo Oriente, su establecimiento y la consolidación de su poder, pero hemos hablado poco de la organización del Estado medo, ya que es mucho lo que se desconoce y se debate sobre él. Aunque Heródoto establece una línea certera en la evolución de la dinastía meda nombrando a cuatro reyes, esto es, Deioces, Fraortes, Ciaxares y, finalmente, a Astiages, conocemos muy poco del Estado que estos monarcas crearon y gobernaron.

A excepción de Heródoto son pocas, o mejor dicho, casi ninguna, las fuentes escritas y las evidencias arqueológicas que nos hablan del imperio de los medos, razón que ha hecho dudar a muchos historiadores de la existencia real de un estado consolidado y extendido desde Anatolia hasta la meseta irania. Así pues, más que una estructura estatal unificada y centralizada como podía ser el Imperio asirio, el reino medo no dejaría nunca de ser una débil e inestable organización estatal basada en lazos personales establecidos entre las diferentes tribus y pueblos sometidos, que tan sólo el prestigio y el poder medo mantenía unidos, y en la que los diferentes pueblos iranios, ciudades y reinos, como el de los persas, mantendrían una parte de su independencia política real, soportando tan sólo una débil dominación por parte meda, que se podría resumir en el pago de algún tipo de tributo y en la aceptación de su autoridad. De este modo, sólo hace falta recordar el resultado de las reformas del rey Astiages, llevadas a cabo con la idea de fortalecer y centralizar las estructuras del poder real, que no provocó nada más que rechazo y malestar entre la nobleza meda.

Tanto medos como persas y el resto de pueblos de origen iranio poseían desde tiempos pretéritos una organización social basada en la tribu. Debido a la complejidad de esta estructura, que no hemos de entender como algo simple y poco desarrollado, se ha tendido a utilizar diversos términos como «pueblo», «nación» o «confederación tribal» para definir a los diferentes grupos identificables que existían dentro del conjunto de los pueblos de raíz irania. Estos pueblos o confederaciones tribales serían, así, unidades que se reconocían unitarias por motivos lingüísticos, religiosos o gentilicios, como era el caso, entre otros, de medos, persas o partos. A su vez, estos pueblos estarían formados, ahora sí, por diversas tribus y por entidades aún menores, de las que Heródoto nos da, en el caso de los medos, los nombres de seis de ellas: busas, paretacenos, estrujates, arizantos, budios y magos.

Aunque tradicionalmente se ha considerado, siguiendo al gran historiador francés del siglo XX Georges Dumézil, a los pueblos iranios, y en general a los pueblos indoeuropeos, como poseedores de una organización social e ideológica tripartita que diferenciaba entre sacerdotes, consagrados a la religión; guerreros, dedicados a la guerra, y campesinos/pastores, encargados de la producción de alimentos, el

Placa de oro decorada perteneciente al Tesoro del Oxus (actual río Amu Daria). La figura humana viste un atuendo al estilo medo y posee una espada corta (*akinakes*). Se ha identificado habitualmente como un sacerdote, ya que porta un haz de ramas de granado o tamarisco, conocido como *barsom*. Siglos V y IV a. C. Museo Británico, Londres.

avance de los estudios históricos y el conocimiento que tenemos en la actualidad de estos pueblos nos ha proporcionado una imagen cada vez menos definida y precisa de la sociedad irania. Aunque sí existían en ella diferencias entre los diversos grupos o estamentos que la formaban y las riquezas que estos poseían, nunca fueron tan marcadas como en el caso de las civilizaciones sedentarias propias del Próximo Oriente y Mesopotamia. Así pues, lo poco que se puede entrever de la sociedad irania, y por lo tanto de la meda, a su llegada a la zona de los montes Zagros, nos muestra a unas poblaciones que sin llegar a ser igualitarias poseerían en su seno pocas diferencias de riqueza. En ellas se distinguiría una incipiente aristocracia que guiaría al resto de la población, formada por una gran masa de hombres-guerreros libres que incluiría a pastores, agricultores, artesanos especializados y a un pequeño grupo que se encargaría de llevar a cabo las diversas prácticas y rituales religiosos en los que se basaba la religión meda, aunque no formaría, ni mucho menos, un clero organizado. También existirían esclavos entre los medos, obtenidos, básicamente, a través de los prisioneros o cautivos de guerra, aunque su número no sería muy elevado y no jugarían un papel económico destacable. Esta organización social tuvo que adaptarse con el tiempo a los cambios acaecidos tras el asentamiento definitivo de los medos y la creación de un Estado propio y mediante el contacto político, económico e ideológico que se estableció a partir de entonces con las culturas sedentarias de Mesopotamia.

Por lo que respecta a su organización económica, sabemos que los pueblos iranios que se establecieron a inicios del primer milenio antes de Cristo. en la meseta irania y en la zona de los montes Zagros eran pueblos de pastores que se dedicaban a la cría de animales, principalmente de caballos, vacas, ovejas y camellos bactrianos (de dos jorobas), aunque practicaban también algún tipo de agricultura de carácter secundario y dominaban el arte de la metalurgia, especialmente la del hierro.

Una vez asentados en la zona del Hamadán, los medos se acabaron haciendo con el control de las rutas comerciales que atravesaban su territorio, como la gran ruta del Jorasán, en cuyo recorrido estuvo emplazada la ciudad de Ecbatana, la capital meda, y que unía por el norte Mesopotamia con la meseta irania. A la ganadería y al control de las rutas comerciales se sumó también el desarrollo de la agricultura, lo que permitió a las élites aristocráticas medas reunir grandes riquezas y beneficios, aunque la crianza de animales se mantuvo siempre como una de las actividades económicas principales de los medos.

En lo relativo a la religión meda, poco es lo que sabemos de ella. Nuevamente según Heródoto, existía una tribu entre los medos, y posiblemente también entre los persas, la de los magos, que monopolizaba las funciones religiosas. Los miembros de esta tribu ostentaban la posición de sacerdotes, preservaban el legado mitológico y espiritual de la sociedad meda y poseían una condición sacerdotal que era heredada de padres a hijos. Además, en la corte de Astiages, ejercían otras tareas como las de consejeros, interpretadores de sueños y adivinos.

Tanto medos como persas poseían una mitología y unas divinidades derivadas del panteón indo-ario anterior del que procedían, que estaba constituido por dos grupos de dioses: los asura o ahura, que controlaban las fuerzas sociales, y los daevas, que dominaban, a su vez, las fuerzas de la naturaleza. Al mismo tiempo, las primeras eran divinidades benefactoras, mientras que los segundos eran dioses malignos. De esta forma, la religión irania constituía un sistema dualista que establecía un combate constante entre las fuerzas divinas, considerado como una lucha entre el bien y el mal.

Entre los ahura o divinidades benefactoras predominantes durante esta época destacaban Ahura Mazda, Mitra y Varuna, dioses que conservaban los principios del orden, la verdad y la justicia. Por otra parte, entre los daevas o divinidades de la naturaleza podemos mencionar a Atar, dios del fuego. Los antiguos rituales religiosos iranios se realizaban en espacios al aire libre o alrededor de una hoguera. También se realizaban algunas celebraciones estacionales en lugares elevados o próximos a fuentes de agua naturales.

5

Los dominios del gran rey. La Persia aqueménida

CIRO EL GRANDE, EL FUNDADOR DE UN NUEVO IMPERIO. LOS PRIMEROS REYES PERSAS

Hasta este momento hemos hablado de los persas siempre en relación con la llegada de los pueblos iranios a la zona del Oriente Medio y al reino creado por los medos. Es ahora el momento de fijar nuestra atención un poco más en la historia propia de los persas aqueménidas, pueblo que pronto conseguiría imponerse política y militarmente al resto de los estados del Próximo y Medio Oriente y crearía el mayor imperio conocido hasta el momento.

Como ya hemos visto, los persas se establecieron a principios del primer milenio antes de Cristo en el territorio de Anshan, situado al sur de la zona ocupada por los medos, región que estaba dominada hasta ese momento por el reino elamita. Sin embargo, el debilitamiento político de este último a partir de la segunda mitad del siglo VII a. C. permitió a los persas consolidar poco a poco su poder en la zona. Por esta época sabemos que los persas estaban gobernados por el rey

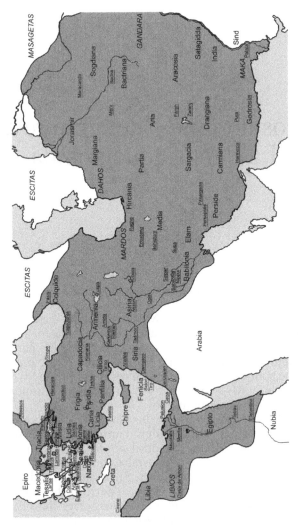

El Imperio aqueménida (ss. VI-III a. C.).

Teispes, hijo de Aquemenes, el fundador legendario de la dinastía aqueménida. Su sucesor, Ciro I, abandonó la tradicional colaboración persa con el rey de Elam y buscó una nueva relación de dependencia con Asiria, en ese momento la primera potencia en el Próximo Oriente. Sin embargo, pronto los persas cayeron en la órbita política de los medos, que se confirmó con la alianza matrimonial que unió al rey Cambises I (c. 600-559 a. C.) con Mandane, la hija del rey medo Astiages.

A Cambises le sucedió su hijo Ciro II el Grande (c. 559-530 a. C.), el rey que creó las bases del Imperio aqueménida y que con el tiempo se impuso a todos los grandes estados próximo-orientales, entre los que se incluían la poderosa Media, Babilonia y Lidia.

La llegada al poder de Ciro II estuvo rodeada, ya desde la época antigua, por mitos y leyendas, cosa nada extraña si consideramos el brillante éxito de este monarca, que desde la base de su pequeño reino en Anshan creó un imperio que se extendió desde el Mediterráneo al río Indo, un logro de tal envergadura que era difícil de atribuir a un simple mortal.

El primer paso que conocemos de esta expansión se fecha en el año 550 a. C., cuando el rey medo Astiages inició una expedición militar contra los persas de Ciro II, cuyas causas, si bien las desconocemos, seguramente tuvieran relación con la revuelta de los persas contra el dominio medo, la voluntad de Astiages de expandir su imperio o posiblemente con la intención de este de castigar al poder persa, que estaba en claro ascenso.

Esta parece que fue una campaña complicada y dura, en la cual una parte del ejército medo se rebeló contra su rey. La batalla definitiva se produjo cerca de Pasargada, donde Ciro II venció definitivamente a las tropas medas. Después tomó Ecbatana, ciudad en la que se había refugiado Astiages, al que hizo prisionero y en la que se apoderó del tesoro real medo.

Deseoso de presentarse como el sucesor de la monarquía meda, Ciro II se casó con Amitis, la hija de Astiages, y convirtió la ciudad de Ecbatana en una de las capitales de su nuevo Estado, que heredaba todos los dominios sometidos por los medos. Fue, además, en este momento cuando algunos de los pueblos orientales, partos, saces y bactrianos, rindieron homenaje a Ciro, lo que representó la conversión del pequeño reino persa en el poder hegemónico en Oriente.

La conquista de Ciro II y la emergencia de Persia como primera potencia inquietó a los estados vecinos, como fue el caso del reino de Lidia, en manos ahora de Creso, hijo de Aliates, el rey que había firmado la paz con Ciaxares en el año 585 a. C. Por esta razón Creso inició, en el año 547 a. C., una campaña militar contra el recién creado Imperio aqueménida.

Después de una primera batalla nada decisiva cerca de Pteria, identificada tradicionalmente con la actual ciudad de Bo-azköy, Creso decidió dispersar a su ejército en los cuarteles de invierno, pues la estación estival apta para la guerra se acercaba a su fin, esperando reunir un mayor ejército para la campaña del año siguiente. Esta circunstancia fue aprovechada por Ciro, que de forma insospechada atacó al ahora reducido ejército lidio en las afueras de la ciudad de Sardes. Al verse vencido, Creso se refugió en la ciudadela de su capital, que soportó un asedio de catorce días, tras los cuales acabó entregándose. Aun así, Ciro II perdonó la osadía del rey lidio, que acabó sus días en un plácido retiro en una ciudad meda, o, como quieren algunos, como consejero en la corte persa.

La dominación del reino lidio no fue ni tan rápida ni tan sencilla como la derrota de Creso hacía suponer. A la oposición de las ciudades griegas situadas en las costas de Asia Menor que aún no habían sido sometidas, se sumó la rebelión de los propios lidios liderados por Pactyes, a quien el rey persa había confiado la reco-

UNA CONSULTA CON CONSECUENCIAS

En el mundo griego antiguo, los oráculos y la relación que se establecía con los dioses era un aspecto imprescindible en la vida de los hombres y de las comunidades. Muchos oráculos como los de Delfos, en la Fócide; Dídima en Jonia o Dodona en el Epiro, daban respuesta a las preguntas de aquellos que, a nivel particular u oficial, querían adentrarse en el vedado mundo del porvenir. Unas respuestas cuya ambigüedad permitía a los solicitantes interpretar por sí mismos el designio de los dioses.

Este fue, según Heródoto, el caso del rey lidio Creso, el cual se dirigió al oráculo del dios Apolo en Delfos, uno de los más famosos de su tiempo, para consultarle si sería conveniente para su reino emprender una campaña militar contra el poderoso imperio de los persas. Tras hacerle llegar su consulta, Creso recibió la oportuna contestación del dios: si Creso movía sus tropas contra los persas acabaría con un gran imperio. La respuesta contentó sobremanera al rey lidio, que seguro del apoyo que la fortuna le pronosticaba, inició una expedición contra el rey persa Ciro II, para descubrir, poco más tarde, que el imperio cuya ruina profetizaba el oráculo no era el de los persas, sino el suyo propio.

lección de los tributos. La situación sólo pudo ser dominada tras cuatro años de duras campañas militares, en las que los generales persas capturaron al rebelde Pactyes y redujeron una a una a las ciudades griegas.

Ciro II se vio obligado a abandonar en el año 546 a.C. la dirección de las operaciones militares en Asia Menor debido a nuevas amenazas que estallaron en sus ya bastos dominios y que no eran otras que la revuelta de saces y bactrianos, pueblos asentados en los territorios orientales de su imperio. Esto dejaba bien claro que la sumisión de estos pueblos tras la conquista de Media

Cilindro de Ciro II el Grande. Pieza de barro inscrito
con caracteres cuneiformes, que narra la conquista de
Babilonia y la captura del rey Nabónido por parte
del rey persa en el año 539 a. C.
Descubierto en el año 1879 en los cimientos de
la Esagila o templo de Marduk en Babilonia.
(539-530 a. C.). Museo Británico, Londres.

no había sido nada más que anecdótica y formal. De las
campañas orientales de Ciro sabemos poco, aparte de
que el rey persa estableció ciudades guarnición en la
frontera norte de su reino, entre ellas Cirópolis, y que
consiguió someter las regiones de Partia, Drangiana,
Aria, Jorasmia, Bactria, Sogdiana, Gandhara, Escitia,
Satagidia, Aracosia y Makrán.

Tras la conquista de Lidia, el único gran estado inde-
pendiente que quedaba en la zona del Oriente Próximo,
a excepción del Egipto faraónico, era Babilonia, gobernada por aquellos entonces por el rey Nabónido, contra la
cual Ciro II el Grande dirigió sus ejércitos en el año 539
a. C. Sabemos que el 10 de octubre de ese año se libró
una batalla cerca de Opis, ciudad babilonia situada a orillas del río Tigris, en la que se produjo una gran matanza
entre los babilonios y donde Ciro II consiguió un gran
botín. Tras este episodio la ciudad de Sippar fue captu-

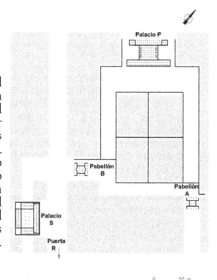

Planta de la ciudad de Pasargada, la primera capital construida por los persas aqueménidas. El emplazamiento está organizado en torno a un jardín central alrededor del cual se distribuyen los diversos edificios.

rada sin resistencia, y un poco más tarde le llegó el turno a la mismísima Babilonia, que fue tomada el 12 de octubre del año 539 a. C. sin necesidad de batalla alguna, tras lo cual el rey Nabónido fue entregado a los persas.

Uno de los hechos que más fama ha proporcionado en la posteridad a Ciro II el Grande fue, sin duda alguna, la política que desarrolló en relación con los judíos una vez conquistada Babilonia, ya que ordenó el regreso de los exiliados judíos a Jerusalén, cautivos en aquella ciudad desde su derrota ante el monarca Nabucodonosor II, y les permitió reconstruir su templo, que había sido destruido junto a su ciudad en el año 587 a. C.

Poco es lo que sabemos de los últimos años del reinado de Ciro II. Al gran rey persa aún le restaban energías para iniciar, en el año 530 a. C., una nueva expedición contra el pueblo nómada de los masagetas, gobernado por la reina Tomiris y situado en el Asia

PASARGADA,
LA PRIMERA CAPITAL DE LOS PERSAS

Durante el reinado de Ciro II el Grande, en el año 547 a. C., se inició la construcción de Pasargada, la primera gran capital de la historia persa situada en el norte de la actual provincia irania de Fars, en el valle del río Pulvar. El nuevo emplazamiento real se organizaba en torno a un jardín de forma rectangular, rodeado por varios edificios de piedra y dotado de canales de irrigación.

El jardín estaba presidido en su lado norte por un palacio de 73 metros de amplitud, que disponía de un espacio central ocupado por treinta columnas y dos pórticos laterales columnados, en el cual se halló lo que se ha considerado la base del trono real, en el que el monarca celebraba las audiencias públicas. En un segundo palacio situado al suroeste del jardín y con una extensión de 54 x 22 metros, se llevarían a cabo las ceremonias de la corte y las audiencias formales. El yacimiento posee, además, dos pequeños pabellones columnados ubicados, respectivamente, al suroeste y al sureste del jardín, que se han interpretado como dos edificios de acceso.

En otra de las entradas situada a unos 200 metros más al sur se halló uno de los relieves más conocidos del yacimiento, la imagen del Genio de Pasargada, alado como un demonio asirio, coronado como un faraón egipcio y vestido al estilo elamita, cuya interpretación resulta, aún hoy, enigmática, aunque en el pasado se la identificó con la figura de Ciro II.

Pasargada posee, además, un edificio donde se celebrarían, seguramente, los rituales propios de la investidura de los nuevos monarcas aqueménidas, un distrito sagrado con dos altares dedicados al fuego y uno de los elementos arquitectónicos más sobresalientes del

El genio de Pasargada es uno de los relieves decorativos más conocidos del mundo persa al que se ha relacionado siempre con la monarquía aqueménida. Persépolis, Irán.

emplazamiento, la tumba del propio Ciro II, una cámara funeraria con cubierta a dos aguas construida sobre una base escalonada situada al sureste del resto de las construcciones.

La nueva capital construida por Ciro II se convirtió pronto en un centro residencial y administrativo de primer orden, aunque la posterior construcción de Persépolis por parte de Darío I relegó a Pasargada a una función ceremonial que mantuvo, eso sí, hasta los últimos días del dominio aqueménida.

La antigua capital de Pasargada posee una de las tumbas
más famosas de la historia del Imperio persa,
donde fue enterrado su fundador, Ciro II.

central, en las cercanías del río Yaxartes. Una campaña
que demuestra, de nuevo, lo difícil que era para la autoridad persa imponerse en las zonas más nororientales
de su imperio. Fue en esta campaña donde, según
Heródoto, Ciro halló la muerte.

Aun así, el largo reinado de Ciro II el Grande y
sus numerosas conquistas le habían permitido crear
un imperio que unía, por primera vez en la historia,
los destinos de los territorios de todos los grandes
estados próximo-orientales, a excepción de Egipto, y
los reinos y regiones de la meseta irania, algo que
nunca nadie antes que él había podido conseguir.

Ciro II fue sucedido por su hijo Cambises II
(530-522 a. C.), que había sido nombrado previamente regente de Babilonia y heredero al trono
persa. Una de las primeras acciones que realizó el
nuevo rey fue transportar el cuerpo de su padre a

Vista parcial de la isla de Elefantina, importante en época
antigua ya que su situación, cercana a la primera catarata
del Nilo, una zona de frontera entre Egipto y Nubia,
la convertía en una plaza fuerte militar.

Pasargada para enterrarlo en la tumba que el mismo
Ciro había ordenado construir.

Fue durante el reinado de Cambises II cuando se
llevó a cabo la conquista de Egipto, el único Estado del
Próximo Oriente que había eludido el dominio persa.
En Egipto gobernaba, desde el año 664 a. C., la dinastía
saíta, y el poder recaía en aquellos momentos en la persona del faraón Psamético III (526-525 a. C.)

Para llevar a cabo esta campaña fue necesario que
los persas se apoderaran tanto de la isla de Chipre como
de la región de Fenicia, territorios próximos y bien
comunicados por mar y por tierra con Egipto. Estas
dos conquistas permitieron, además, crear la primera
flota naval persa, elemento esencial para el asalto a las
tierras del Nilo. La batalla principal tuvo lugar en el
año 525 a. C. en Pelusium, ciudad situada en el extremo
nordeste del delta del Nilo, que cerraba el acceso por tierra

a Egipto. Cambises II ocupó este emplazamiento, tras lo cual las tropas egipcias se retiraron a Menfis, donde, tras un largo asedio, la ciudad fue tomada por los persas. Cambises fue entonces nombrado faraón, y Menfis se convirtió en la capital del Egipto aqueménida y en la sede del nuevo sátrapa persa. Tras esta victoria, tanto los libios como los griegos de las ciudades de Cirene y Barca enviaron presentes al gran rey como señal de sometimiento.

Esta gran victoria no detuvo a Cambises II, sino que el rey persa inició nuevas expediciones militares, una contra la tribu libia que habitaba el oasis de Siwa y otra dirigida contra el territorio de Nubia, situado al sur de Egipto, que según Heródoto acabaron en un fracaso estrepitoso. Aun así, parece que la campaña nubia no constituyó una derrota tan decisiva, ya que el rey persa pudo establecer diversas fortalezas en la zona y apostar una guarnición en la isla de Elefantina, situada cerca de la primera catarata del Nilo, logros que demuestran algún tipo de control persa en la región.

La tradición ha tachado a Cambises II de rey tirano y resentido, e incluso Heródoto llegó a considerarlo un enfermo mental. No es demasiado lo que conocemos de su reinado, si bien hemos de tener presente el peso abrumador que supondría para Cambises la figura de su padre, Ciro II, hecho que, con seguridad, nunca permitió una valoración realista de su figura histórica.

El episodio de la muerte de Cambises II y la posterior sucesión al trono primero de Bardiya y después de Darío I, permanece aún rodeado de misterio, al ser un período plagado de rebeliones y conspiraciones. Aunque diversos autores antiguos nos proporcionan información sobre este período y poseemos, además, inscrito en el macizo rocoso de Behistún el propio relato de los hechos de Darío I, sin duda alguna la versión oficial y, por lo tanto, parcial de los acontecimientos, poco es lo que concuerda entre ellas y muchos los interrogantes sobre lo sucedido realmente, ya que la cuestión básica que seguramente esconde todo ello es la constatación del asesinato de un rey legítimo, Bardiya, y la ascensión de un nuevo soberano en la persona de Darío I, que tendría sus manos manchadas con la sangre real. A pesar de ello, intentaremos aquí dar la versión que más consenso ha conseguido entre los especialistas.

Cambises II no dispuso de demasiado tiempo para disfrutar de sus nuevas conquistas. Según parece, en marzo del año 522 a. C., mientras el rey aún permanecía en Egipto, se produjo una revuelta en Persia, dirigida, según algunas fuentes, por Bardiya, el propio hermano del rey, y según otros, entre ellos Darío I, por un mago impostor llamado Gaumata. Esta usurpación obligó a Cambises II a regresar a toda prisa a Persia, aunque misteriosamente halló la muerte en el camino, en lo que parece que no fue un asesinato sino un accidente casual. El conocimiento de esta noticia en la corte persa permitió a Bardiya proclamarse rey por derecho propio en julio de ese mismo año.

Según parece, Bardiya/Gaumata, que reinó durante algunos meses del año 522 a. C., propuso una remisión de los impuestos debidos por todos los territorios del imperio, atrasos provocados, seguramente, por el esfuerzo requerido para llevar a cabo las campañas militares de Cambises, y aplicó medidas en contra de los nobles que se oponían a su poder.

Aun así, Bardiya no pudo asegurar su situación, ya que muy pronto una parte de la nobleza persa, dirigida por siete nobles, entre los que se hallaba el futuro Darío I, se alzó contra él. La parcialidad y el falseamiento de las propias fuentes antiguas se hace presente en este momento al transmitirnos el final de Bardiya. Algunos autores griegos y la versión oficialista de Behistún reducen la revuelta contra este a un simple complot palaciego al descubrirse que el auténtico Bar-

Behistún, la palabra del gran rey

Gracias al poco claro y reglamentario ascenso al poder del gran rey Darío I en el año 522 a. C., poseemos el texto histórico persa más importante que ha llegado hasta nosotros. La indudable participación de Darío en el asesinato del rey Bardiya, hijo del propio Ciro II, obligó al nuevo monarca a defender públicamente la legitimidad tanto de su reinado como de sus derechos al trono.

Para ello escogió el macizo rocoso de Behistún, de 60 metros de altura, emplazamiento vinculado con elementos de culto religioso y situado en el territorio de Media, frente a la vía comercial que unía las ciudades de Babilonia y Ecbatana y próximo al lugar donde había sido derrotado Bardiya. En esta gran obra propagandística, Darío I ofreció su versión del derrocamiento de Bardiya y de la posterior lucha contra los rebeldes que a lo largo y ancho de su recién adquirido imperio se alzaron contra él.

El texto, escrito en elamita, babilonio y persa antiguo, acompaña al gran relieve de 3 x 5,5 metros que nos muestra al rey Darío de pie, llevando en su mano izquierda un arco, símbolo de soberanía, al mismo tiempo que aplasta con su pie el pecho de una figura tendida en el suelo, el derrocado Bardiya/Gaumata. A su derecha está representado el grupo de rebeldes derrotados por el gran rey, maniatados y apresados con una larga soga al cuello. Detrás del rey se hallan las figuras de dos de sus más allegados colaboradores. Dominando toda la escena está representada la imagen de una figura alada, que representaría al dios Ahura Mazda o bien al espíritu o daimon de los monarcas persas anteriores.

Darío I no dudó, pues, en invertir grandes esfuerzos y recursos para dejar plasmada en el relieve de Behistún la versión oficial sobre su llegada al poder y sobre sus primeras victorias contra sus oponentes políticos, dejando, además, un claro mensaje a sus súbditos y a la posteridad: «Así es como acaban todos aquellos que se oponen al poder del gran rey».

diya había sido asesinado años antes por orden de su propio hermano, Cambises II, y que su identidad había sido suplantada por un mago llamado Gaumata, asombrosamente parecido a Bardiya, el cual había usurpado, por tanto, el trono. Aunque en esta ocasión los textos antiguos y, sobre todo, las fuentes persas han permitido falsear un hecho de capital importancia, en la actualidad se cree que la rebelión de los nobles persas se produjo contra el auténtico Bardiya y no contra un impostor.

Si bien Heródoto sitúa la muerte de Gaumata/Bardiya en su palacio de Susa, parece ser que se produjo un enfrentamiento armado entre las fuerzas leales al rey y las rebeldes, donde obtuvieron la victoria estas últimas, lo que obligó al monarca a retirarse a una fortaleza situada en Media, donde fue perseguido y finalmente asesinado. El sucesor de Bardiya fue elegido entre los líderes de la revuelta, lo que llevó a Darío, que pertenecía al clan de los aqueménidas y que había acompañado al propio Cambises en su campaña de Egipto, a ser proclamado rey.

La muerte de Bardiya no mejoró demasiado las cosas, ya que tras la ascensión al trono de Darío I el Grande (522-486 a. C.), diversas regiones se alzaron contra el nuevo monarca, entre las que se hallaban la misma Persia, Elam, Media, Asiria, Egipto, Partia, Margiana, Satagidia o Babilonia. Estas revueltas, que se produjeron entre los años 522 y 521 a. C., obligaron a Darío I a iniciar toda una serie de campañas militares para recuperar el control de los territorios que se mostraban contrarios a su poder, un hecho que nos muestra claramente la poca integración territorial alcanzada en el Imperio persa, heredero en este aspecto de las debilidades propias de su predecesor medo.

El advenimiento de Darío I marca, de esta manera, el inicio de un nuevo orden dinástico y político en la historia del reino aqueménida. La actividad del

Persépolis. La ciudad de los persas

Otro de los grandes proyectos llevados a cabo por Darío I el Grande fue la construcción de una nueva capital persa que suplantase a la construida por su antecesor, Ciro II. La nueva capital, llamada Persépolis (en griego, 'ciudad de los persas'), se convertiría en un símbolo y en una clara muestra del poder de la monarquía aqueménida y de la extensión de su imperio.

La ciudad se comenzó a construir en el año 515 a. C. y se situó en el territorio ocupado por las tribus persas, en la actual provincia de Fars, a 70 km al noroeste de la actual ciudad de Shiraz. Los edificios de Persépolis están construidos sobre una terraza formada por grandes bloques de piedra, a la cual se accedía, en tiempos del rey Jerjes I, en la primera mitad del siglo v a. C., a través de una gran escalinata doble, cerca del lado nororiental de la plataforma. En esta escalera de acceso es donde se halla uno de los relieves más conocidos de la ciudad en el que se muestra a los representantes de todos los pueblos sometidos por los persas en acto de entrega de regalos al gran rey.

La gran escalinata permitía el paso a la *Puerta de todas las naciones*, acceso protegido por figuras gigantes en forma de toros y hombres-toro. Esta puerta se abría, en uno de sus lados, a la apadana o sala de audiencias, dotada de 36 columnas en su interior y que podía alojar a unas 10.000 personas.

Al sur de la apadana estaban ubicados los palacios de Darío I y Jerjes I, en la misma zona donde luego se construyeron los palacios de sus sucesores Artajerjes I y Artajerjes III.

En el límite sur de la plataforma se situaba una zona residencial, conocida como el harén, aunque no existe prueba alguna que relacione estas estancias con la residencia de las mujeres del rey.

En la parte oriental del emplazamiento se hallaba la Sala de las cien columnas o Palacio del trono, construido por Artajerjes I, y el edificio del tesoro, donde se almacenaban regalos y reliquias pertenecientes a los monarcas persas.

En la zona situada al norte de esta, se ubicaba un área administrativa formada por edificios construidos con ladrillos de barro, donde se hallaron millares de tablillas inscritas que nos informan tanto de las diversas transacciones que afectaban a la vida de la ciudad como de los viajeros autorizados que pasaban por ella.

En Persépolis se ha hallado, además, toda una serie de esculturas y relieves que incluyen imágenes de héroes y seres fantásticos, escenas de combate, grupos de soldados, dignatarios realizando ofrendas o imágenes del rey persa en su trono soportado por los súbditos de su gran imperio, todo ello símbolo de la autoridad y del inmenso poder de los monarcas aqueménidas, lo que convierte a Persépolis en uno de los centros de poder persa mejor conservados, en el cual, además de decidirse el futuro del imperio se llevarían a cabo grandes festividades y rituales tanto religiosos como políticos.

nuevo monarca no finalizó con la derrota de los rebeldes. Tras acabar con ellos, Darío envió, en el año 520 a. C. un ejército para instaurar a Silosonte, hermano de Polícrates de Samos, como tirano de esta ciudad, operación que representó la primera conquista persa en el Egeo. Poco después el rey aqueménida llevó a cabo una expedición de reconocimiento de los límites territoriales de su inmenso imperio, que se inició en el río Indo y que acabó treinta meses después en Egipto, a lo que se sumó una campaña militar contra los territorios de Libia y Cirenaica, que acabó con la toma de la ciudad de Barca en el año 510 a. C. y la sumisión definitiva de Cirene.

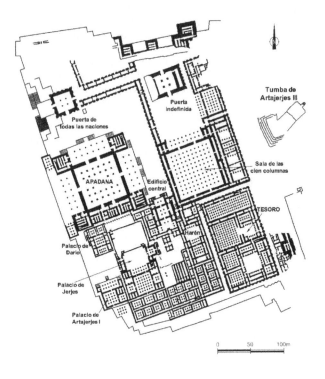

Planta de Persépolis. La ciudad, cuya construcción
fue iniciada por Darío I el Grande en el año 515 a. C.,
se convirtió en una de las capitales más importantes
del Imperio persa, en el centro del poder político
y en uno de los símbolos de la monarquía
aqueménida.

Más o menos por la misma época, en el año 513 a. C., Darío organizó una campaña contra los pueblos escitas situados en el sur de la actual Rusia, la primera expedición persa que afectaba al continente europeo, para lo cual el monarca llevó a cabo inmensos preparativos.

Tras conquistar sin grandes dificultades a las tribus tracias situadas en la costa europea al norte del mar Egeo, el ejército persa cruzó el Danubio y se internó en territorio escita. Al ser conscientes estos de la amenaza persa decidieron evitar desde un buen principio el enfrentamiento en batalla campal, una táctica habitual de los pueblos nómadas, lo que no permitió a Darío I materializar ningún tipo de victoria, hecho que le obligó a retirarse sin haber podido someter a los escitas. Este repliegue, aunque supuso, seguro, un perjuicio en el prestigio de Darío como rey siempre victorioso, permitió la definitiva conquista de las tribus tracias, lo que facilitó a Darío I imponerse de alguna forma en Macedonia, cuyo rey, Amintas I, se vio obligado a reconocer la soberanía persa y conquistar, entre otras, las ciudades de Bizancio y Calcedonia.

EL ENFRENTAMIENTO CONTRA LOS GRIEGOS. LAS GUERRAS MÉDICAS

Bajo las riendas de Darío I el Imperio persa había alcanzado su máxima extensión, hecho que lo aproximaba cada vez de una forma más intimidatoria al territorio habitado por los helenos.

El mundo griego del siglo V a. C. estaba organizado políticamente tomando como base la existencia de numerosas ciudades-estado independientes que agrupaban en su interior a una población y un territorio propio gobernados por las leyes e instituciones de la ciudad. A pesar de la fragmentación política de los helenos existía una unidad cultural compartida por todos ellos que los hacía poseedores de una identidad común y que los diferenciaba de los pueblos vecinos. Las ciudades griegas de Asia Menor habían sido sometidas por los persas ya en época de Ciro II el Grande, y sólo las islas del Egeo y la Grecia continental escapaban a su dominio, aunque este estado de cosas iba a alterarse bien pronto como consecuencia de la revuelta de las ciudades jonias.

El territorio conocido en la Antigüedad como Jonia estaba situado en la parte central de la costa oeste de Anatolia e incluía las islas adyacentes como Quíos o Samos. En las ciudades griegas establecidas en el litoral de Asia Menor, los reyes persas habían establecido tiranos, es decir, gobernantes con poder absoluto sobre las leyes de la ciudad, normalmente miembros de las élites locales y respaldados por su autoridad.

La revuelta de las ciudades jonias fue instigada, según Heródoto, en el año 500 a. C. por uno de estos tiranos, Aristágoras de Mileto, que tras el fracaso de la campaña militar llevada a cabo conjuntamente por persas y milesios contra la isla de Naxos, una de las ciudades griegas insulares más ricas del momento, y ante el temor de tener que dar explicaciones al rey Darío I, decidió rebelarse contra el poder aqueménida, aprovechando el descontento de los griegos minorasiáticos.

Aunque Heródoto personaliza en la política desplegada por Aristágoras las causas de la rebelión jonia, hemos de pensar que serían otros los motivos reales que provocaron este alzamiento, entre los que destacaban la difícil situación económica de las ciudades griegas de Asia Menor y el deseo de libertad de sus habitantes, sometidos, como ya sabemos, en su mayor parte, a un régimen tiránico y cargados con impuestos debidos a los persas.

La revuelta centrada en la ciudad de Mileto no consiguió demasiado apoyo por parte de los griegos continentales. Tan sólo Atenas y Eretria, ciudad situada en la isla de Eubea, enviaron contingentes navales en el año 499 a. C. Aun así, Aristágoras consiguió, en el año 498 a. C., atacar y arrasar la ciudad de Sardes, aunque no pudo tomar su acrópolis, sede de la administración aqueménida en Asia Menor. Este éxito provocó que se unieran a su causa gran parte de los griegos asiáticos, entre ellos los carios y los licios, situados más al sur, y las ciudades griegas de la Propóntide (el actual mar de Mármara) y del Bósforo, e incluso algunas ciudades chipriotas.

La contraofensiva de Darío I no se hizo esperar, y pronto el ejército persa inició la recuperación del territorio perdido. La derrota griega en la batalla naval en Lade en el año 495 a. C. avocó a la revuelta a su fin. Un año más tarde, la ciudad de Mileto, foco de la rebelión, fue destruida, y sus habitantes deportados a la zona del Bajo Tigris.

El sometimiento de los griegos asiáticos fue seguido por una nueva campaña en Tracia y Macedonia, dirigida por Mardonio, el yerno de Darío I, y motivada por el debilitamiento del poder persa en la zona tras siete años de conflicto en Asia Menor, situación que había mantenido a los territorios europeos incomunicados del resto del imperio. La campaña de Mardonio, aunque considerada un fracaso por Heródoto, consolidó el poder persa en Tracia, rindió la ciudad de Tasos, en el norte del mar Egeo y sometió definitivamente el reino de Macedonia, en el que gobernaba el rey Alejandro I.

No contento con los éxitos conseguidos, Darío inició nuevos preparativos militares en Occidente que tenían el objetivo de consolidar el poderío persa no tan sólo en Asia Menor, sino también en el Egeo, obtener la seguridad en sus fronteras, hecho que los acontecimientos de los últimos años había puesto en entredicho, y tomar represalias contra las ciudades de Atenas, Eretria y Naxos, las dos primeras debido al apoyo prestado a la rebelión jonia, y la última porque su fallida conquista había iniciado la revuelta.

De esta forma dieron comienzo las llamadas Guerras Médicas, el enfrentamiento militar entre persas y griegos en el que los estados helenos, liderados por Atenas y Esparta, desafiaron al todopoderoso Imperio persa de Darío I y su hijo Jerjes I. Un nombre, por cierto, el de Guerras Médicas, que sería incorrecto, y que se debe a un antiguo malentendido por parte de los propios griegos que consideraban incorrectamente a medos y persas como el mismo pueblo. Por esta razón sería más correcto llamarlas Guerras Persas.

Para su nueva campaña militar Darío reunió un ejército cuyas cifras oscilaban entre los 90.000 y los 600.000 hombres, aunque seguramente sus números no pasarían de los 25.000, junto a una flota de unos 600 barcos. Este nuevo ejército estaba comandado por dos generales, el medo Artafernes y Datis, sobrino de Darío I. La flota persa zarpó desde la isla de Samos en el año 490 a. C. y tomó Naxos, población que incendió, destruyendo sus templos y haciendo prisioneros a sus habitantes. Tras la toma de Naxos, la flota siguió su avance de isla en isla a través de Delos, ciudad que fue respetada gracias a la fama de su santuario, siguiendo las órdenes del propio Darío, y Eubea, donde se tomaron la ciudades de Caristos y Eretria, esta última tras seis días de asedio.

El siguiente objetivo de la campaña persa fue la ciudad de Atenas, lugar donde hacía pocos años se había instaurado un novedoso sistema político democrático, que llevaría en poco tiempo a la polis griega a convertirse en una de las ciudades más importantes de toda Grecia.

Los persas, asesorados por Hipias, el último tirano de Atenas expulsado de allí en el año 510, desembar-

MARATÓN, EL ORIGEN DE LA PRUEBA OLÍMPICA

La victoria de Maratón sobre los ejércitos invasores persas quedó marcada en la memoria de los griegos como la constatación de la superioridad de la forma de gobierno, de la cultura y de la organización política helena frente a la amenaza que constituían los bárbaros persas.

Una de las leyendas que surgieron de este enfrentamiento, de la pluma de autores griegos y romanos, fue la de Filípides, atleta ateniense célebre que tras participar en la victoria de su ciudad en la batalla de Maratón fue despachado hacia Atenas, que distaba del campo de batalla unos 42 km, para dar a conocer a los atenienses, lo antes posible, la heroica victoria griega en la batalla. Parece ser que el esfuerzo de Filípides fue inmenso pues llegó exhausto a Atenas, aunque con el aliento suficiente para comunicar a sus conciudadanos «hemos ganado», tras lo cual murió.

De este modo se originó el mito de Filípides, que muchos siglos más tarde motivaría la creación en los renovados Juegos Olímpicos del año 1896, de la actual prueba atlética del maratón, la carrera de resistencia que recorre una distancia de 42 km y 195 m en memoria del esfuerzo titánico realizado heroicamente por Filípides, y que se ha convertido en una de las pruebas olímpicas más importantes.

caron sus tropas en la llanura de Maratón, el mejor lugar donde podía maniobrar su cuerpo de caballería. El ejército ateniense, que constaba de unos 9.000 hoplitas o soldados de infantería pesada a los que se sumaban 600 hombres de Platea, ciudad situada en la Beocia y aliada de Atenas, estaba dirigido por el arconte Calímaco, aunque la estrategia militar estaba diseñada por el ateniense Milcíades el Joven.

Túmulo funerario de Maratón donde fueron enterrados
los 192 hoplitas atenienses que murieron en
la batalla contra los persas.

Los atenienses atravesaron la llanura del Ática
para enfrentarse a los invasores persas apostados en
Maratón, y tras aguardar ambos ejércitos varios días
uno al frente del otro, se inició, en agosto o septiembre del año 490 a. C., la batalla que acabó con la
derrota persa, cuyas tropas acabaron huyendo y
embarcándose de forma desordenada en sus naves
amarradas en la orilla. Según Heródoto murieron
6.400 soldados persas, mientras que sólo cayeron 192
hoplitas griegos. Los restos de la flota persa intentaron un nuevo ataque desde el mar contra la indefensa
ciudad de Atenas, aunque la veloz marcha de regreso
de los soldados atenienses a su ciudad impidió el
nuevo ataque, tras lo cual los persas desistieron definitivamente.

Aunque la victoria de Maratón sería considerada
por los atenienses un gran triunfo contra los ejércitos

NAQSH-E ROSTAM.
EL CEMENTERIO DE LOS REYES

Uno de los cementerio reales más sorprendentes y cautivadores del pasado antiguo lo constituye, sin duda alguna, la necrópolis persa de Naqsh-e Rostam, lugar en el que están enterrados cuatro de los reyes aqueménidas: Darío I, Jerjes I, Artajerjes I y Darío II. En este emplazamiento funerario, situado a 5 km de la ciudad de Persépolis, las tumbas de los soberanos están excavadas en la pendiente de la propia montaña y comparten su decoración externa y su distribución interna.

Las tumbas poseen un diseño exterior cruciforme realizado en relieve, en el que está representada la fachada del palacio real de Persépolis y la base del trono, sostenido por los representantes de los pueblos sometidos al dominio persa. El rey aparece rindiendo culto al dios Ahura Mazda frente a un altar dedicado al fuego. La estructura interna de los cuatro sepulcros también es similar. Poseen un largo vestíbulo paralelo a la fachada, con tres puertas en su pared posterior que dan a tres ámbitos provistos con bóveda de cañón, donde estarían dispuestas las tumbas de los reyes persas. El único sepulcro que posee inscripciones que identifican a su ocupante es el de Darío I, por lo que la adscripción de las otras sepulturas no es del todo segura.

del todopoderoso monarca persa y una demostración de la fortaleza de su ciudad y de la consolidación de su recién implantado régimen democrático, desde el punto de vista persa el ataque a Atenas no pasó nunca de ser una mera incursión de castigo sobre sus rebeldes y orgullosos habitantes, enmarcada en una campaña general de control del Egeo cuyo objetivo, como sabemos, se había conseguido con creces.

Necrópolis real persa de Naqsh-e Rostam, en la que están
enterrados cuatro de los monarcas aqueménidas.
Las sepulturas siguen el modelo cruciforme
establecido por la tumba de Darío I.

La derrota persa dejó bien claro que la conquista
del territorio griego requería una operación militar
más contundente, por lo que Darío I inició pronto los
preparativos para una nueva campaña, aunque sus
planes tuvieron que ser pospuestos debido al estallido,
en el año 486 a. C., de una rebelión en Egipto. El
monarca persa no dispuso de demasiado tiempo para
reaccionar ante este nuevo infortunio, ya que en
noviembre de ese mismo año cayó enfermo y murió a
los 65 años de edad.

El trono pasó a manos de Jerjes I (486-465 a. C.),
que aunque no era el hijo mayor de Darío poseía el
privilegio de descender de la unión de este con la
reina Atosa, viuda de Cambises II y Bardiya e hija
de Ciro II el Grande, el fundador del imperio, lo que
le proporcionaba mayores derechos al trono que los
que poseían sus otros hermanos. Aun así, Jerjes tuvo

que enfrentarse a las pretensiones de su hermanastro, Artobarzanes, de hacerse con el trono persa, aunque finalmente, y tras diversas concesiones, este último reconoció los derechos de su hermano en la sucesión real.

Tras haber resuelto la cuestión de Artobarzanes, Jerjes I se dispuso a acabar con la insurgencia egipcia, contra la que el nuevo rey dirigió personalmente el ejército persa. Vencida la resistencia en el año 484 a. C., Jerjes nombró sátrapa de Egipto a su hermano Aquemenes.

Los preparativos de la campaña griega que el nuevo rey había heredado de su padre volvieron a ser interrumpidos por el estallido de una nueva rebelión, esta vez en Babilonia, que pudo ser reprimida en breve espacio de tiempo. Aunque pueda parecer lo contrario, hemos de entender las revueltas de Egipto y de Babilonia más que como un signo de inestabilidad general, que nunca existió, como una clara señal de descontento de las provincias en contra de las enormes demandas a que se veían sometidas debido a los ingentes preparativos militares.

La nueva campaña griega de Jerjes I sería muy diferente a la llevada a cabo por su padre. Esta vez sería el propio rey quien la dirigiría en persona, y la magnitud de sus efectivos dejaba claro que no era una simple campaña de castigo, sino el inicio de la conquista del territorio griego. Según Heródoto, el ejército persa, al llegar al paso de las Termópilas, contaba con una flota de 1.207 barcos de guerra con una tripulación propia de 277.610 soldados, 240.000 hombres en los barcos de trasporte, 1.700.000 soldados de infantería, 80.000 jinetes a caballo, 20.000 jinetes árabes con camellos, y libios que acudían en sus carros de guerra, más 300.000 soldados reclutados en Europa (un total de 2.617.610 hombres), a lo que se tendría que sumar, según el autor griego, un número equivalente de sirvientes, todo tipo de seguidores, eunucos, criados, cocineros, las mujeres de los soldados y otros obreros, lo que vendría a sumar más de cinco millones de personas en movimiento en el ejército de Jerjesi, sin duda algunas cifras abultadas y artificialmente exageradas con el único objetivo de magnificar la posterior victoria griega. Los especialistas han debatido con ganas este asunto, proporcionando cifras mucho más reales que irían desde unos 50.000 hombres a un máximo de 250.000.

Los preparativos militares de Jerjes se prolongaron durante cuatro años, tiempo en el que no sólo se ocupó de reunir al ejército, sino también de preparar toda la logística necesaria para asegurar el éxito de la expedición y que incluía la construcción de dos puentes sobre barcos en el Helesponto, actual estrecho de los Dardanelos, que unía las ciudades de Abidos y Sestos.

Tras la finalización de los enormes preparativos, el ejército persa se reunió en la ciudad de Sardes, desde donde se puso en movimiento en la primavera del año 480 a. C., y tras cruzar el estrecho de los Dardanelos a través de los dos puentes de barcos, llegó a Tracia, donde inició su avance hacia el sur, durante el cual fue recibiendo el sometimiento de las ciudades y de los pueblos de los territorios a través de los que marchaba.

Por su parte, los griegos habían tenido tiempo para organizar la defensa, en parte común, frente a la amenaza persa con la creación de una liga helénica que agrupaba a una treintena de miembros liderados por las ciudades de Esparta y Atenas. En la reunión de la Liga en el istmo de Corinto en el año 481 a. C., uno de los primeros asuntos que se acordó fue acabar con todos los conflictos existentes entre los griegos, tras lo cual se concedió el mando del ejército y de la armada helena a los espartanos. En esta misma reunión, e informados por los tesalios, se decidió frenar el avance persa en Tempe, el principal

Vista actual del paso de las Termópilas, emplazamiento
donde tuvo lugar el enfrentamiento entre
las tropas griegas lideradas por el espartano Leónidas
y las huestes persas del rey Jerjes.

paso hacia Tesalia desde Macedonia, situado entre el
monte Olimpo y el monte Osa. Para ello se envió una
fuerza de 10.000 hoplitas, a cuyo mando estaba el
espartano Eveneto. Sin embargo, la división de los propios tesalios y la existencia de otros pasos abiertos a los
persas obligó al ejército griego a retirarse, abandonando así a los tesalios a su propia suerte, hecho que
les obligó a someterse a los invasores.

La retirada de Tempe forzó a los aliados griegos a
plantear una nueva estrategia militar. Finalmente se
decidió aguardar al ejército persa en el paso de las Termópilas, situado entre el mar y el monte Eta, el único
acceso desde la región de Tesalia hacia la Grecia central
apto para el tránsito de un ejército como el persa y en
el que el terreno permitía a un contingente militar
reducido frenar a un enemigo superior, mientras que

la flota griega se posicionaba en el cabo Artemisio, en el extremo norte de la isla de Eubea.

El mando de las tropas de tierra fue entregado a Leónidas, uno de los dos reyes de Esparta, que disponía de unos 8.000 hoplitas. De entre ellos tan sólo 300 ciudadanos espartanos, a los que se sumaban soldados peloponesios y de la Grecia central, provenientes de Mélide, Focea, Lócride oriental y Beocia, mientras que la flota constaba, según Heródoto, de 271 trirremes (barcos de guerra con tres hileras de remos), provistos principalmente por Atenas, Corinto y Egina, al frente de la cual estaba el espartano Euribíades, aunque las naves atenienses estaban dirigidas por Temístocles.

La batalla de las Termópilas se produjo a principios de agosto del año 480 a. C. y, como la de Maratón algunos años antes, se convirtió en un símbolo de la resistencia de los griegos ante la amenaza bárbara, pues, aunque la victoria final fue para los persas, la bravura y la heroicidad de la resistencia helena y de su líder Leónidas, que había conseguido su objetivo de oponerse y retrasar el avance enemigo, quedaron grabadas desde entonces en la historia de los griegos.

Mientras Leónidas y sus espartanos defendían al precio de sus propias vidas el paso de las Termópilas, la flota griega, después de tres días de enfrentamientos contra la escuadra enemiga, en los que ambas sufrieron grandes pérdidas, se retiró finalmente de Artemisio. El avance persa hacia la Grecia central estaba, pues, abierto. Los atenienses se vieron obligados a abandonar su ciudad y el territorio del Ática, y evacuaron a las mujeres y a los niños. Los persas llegaron pronto a Atenas, a principios de septiembre, y saquearon la ciudad y la acrópolis, donde se habían parapetado los últimos defensores atenienses.

La campaña militar del año 480 a. C. transcurrió con el avance del ejército de tierra aqueménida hasta la misma entrada del Peloponeso y con la derrota, a finales de septiembre, de la flota persa en la batalla de Salamina, en la cual los griegos, inferiores en número, utilizaron no sólo la astucia, sino también una mejor disposición estratégica para vencer a la flota enemiga ante la propia vista del gran rey. Al finalizar la estación del año propicia para la actividad bélica, la flota persa regresó a Asia Menor mientras que el ejército de tierra se retiró a Macedonia, donde invernó. Jerjes I tomó una parte de las tropas y regresó a Asia, dejando al mando del ejército persa en Europa a su primo Mardonio.

Durante el verano del año 479 a. C., los persas volvieron a avanzar sobre Grecia, pero esta vez hallaron al ejército griego, liderado de nuevo por atenienses y espartanos, apostado en las proximidades de la ciudad de Platea y formado, según Heródoto, por un contingente de 38.700 hoplitas, además de gran cantidad de tropas ligeras. El nuevo enfrentamiento se produjo cerca de Platea y acabó con una rutilante victoria griega, la muerte del general persa Mardonio y la retirada de los restos del ejército enemigo, que poco más tarde regresaba, también, a Asia Menor. La batalla de Platea se convirtió así en la definitiva victoria de la Hélade sobre la amenaza persa, en un símbolo de la libertad griega y en el inicio del poderío de los griegos sobre el Egeo y Asia Menor.

Griegos y persas volvieron a enfrentarse en el otoño del año 479 a. C. en la batalla de Micala, cerca de la ciudad de Priene, en la que volvieron a salir vencedores los helenos, hito que provocó el inicio de una segunda rebelión jonia en Asia Menor en contra del dominio aqueménida, que comenzaba a tambalearse después de años de sometimiento.

La victoria helena no finalizó con la expulsión de los persas de Grecia, sino que llevó a la fundación, en el año 478 a. C., de la Liga de Delos, una nueva alianza de las ciudades griegas liderada por Atenas, que tenía como objetivo no sólo la represalia ante los estragos provocados en la guerra por los aqueménidas, sino la continuación de las campañas navales contra ellos y la liberación de las ciudades griegas bajo su poder, una coalición que con el tiempo se expandiría por el Egeo y por los territorios de Asia Menor.

Las cosas no mejoraban para los persas, pues tras la derrota de Micala nuevas noticias llegaban a Sardes sobre el estallido, en agosto o septiembre del año 479 a.C., de una rebelión en Babilonia, el centro neurálgico del imperio. Jerjes I, cogido entre dos frentes, optó entonces por dirigirse hacia Babilonia, donde tomó la capital en octubre del mismo año, no sin dejar tropas en Asia Menor para hacer frente a la ofensiva griega.

La actividad naval y militar de la Liga de Delos prosiguió durante los años siguientes, aunque parece que se produjeron pocos avances por parte de los helenos en Asia Menor. Un hecho importante fue la victoria griega del año 467 a. C. sobre la escuadra y el ejército de tierra persa en la desembocadura del río Eurimedonte, el actual Köprü Çay, en la región de Panfilia, en un intento persa por iniciar la contraofensiva, que comportó la reducción de la esfera de influencia aqueménida en la zona occidental de Asia Menor.

Debido a nuestra total dependencia de las fuentes griegas para reconstruir la historia de los persas, poco más es lo que conocemos del reinado de Jerjes I tras el fracaso que representó su contraofensiva del año 467 a. C. Dos años más tarde, en el 465 a. C., Jerjes fue víctima de un complot en el cual murió. Con su fallecimiento se cerraba una etapa en la historia aqueménida que había sido testigo de la creación y el ascenso de un gran imperio que heredaría su hijo Artajerjes I.

EL IMPERIO PERSA EN LOS SIGLOS V Y IV A. C. DE ARTAJERJES I A DARÍO III

El complot palaciego que provocó la muerte de Jerjes I en el año 465 a. C. estuvo liderado por un tal Artabano, el jefe de la guardia real, que según las fuentes, aspiraba al trono. En este intento también murió Darío, el hijo mayor de Jerjes, que había sido nombrado príncipe heredero en lo que parece que más que una tentativa personal de Artabano fue un conflicto dinástico entre los hijos del monarca, algo muy habitual en la historia aqueménida.

Así, a Jerjes I le sucedió su hijo menor Arsaces, que tomó el nombre real de Artajerjes I (465-424 a. C.). El nuevo rey pronto tuvo que hacer frente a la rebelión de un nuevo aspirante al trono, también llamado Artabano, esta vez el sátrapa de la provincia de Bactria que seguramente no sería otro que su propio hermano Histaspes que había sido nombrado sátrapa de esa provincia durante el reinado de Jerjes. La rebelión finalizó con la victoria de Artajerjes que alzaba al joven rey con su primer triunfo.

Una de las primeras medidas que tomó Artajerjes I, y que eran habituales tras la ascensión de un nuevo monarca al trono, fue la confirmación en su cargo de los diferentes sátrapas y la consiguiente destitución de aquellos en los que no tenía plena confianza, hecho con el que el nuevo monarca se convertía en la fuente del poder tanto para los nuevos gobernadores como para aquellos confirmados en su cargo.

En Egipto la confusión política generada durante la rebelión de Artabano/Histaspes incitó una nueva revuelta en el año 464 a. C. con el objetivo de liberarse del dominio persa. Fue así como un tal Inaro, de origen libio, fue proclamado faraón, tras lo cual se expulsó a los recaudadores de impuestos persas. El nuevo faraón no llegó nunca a gobernar sobre todo el territorio egipcio,

Representación del rey persa Darío I el Grande como faraón en acto de adoración al dios Anubis. Decoración de la puerta de madera de un santuario egipcio desconocido. Museo Británico, Londres.

sino que su alzamiento se limitó a la zona del delta del Nilo, región de la que él mismo procedía. Consciente de su desventaja, Inaro negoció una alianza con la ciudad de Atenas por la que, a cambio de ayuda militar, Inaro les concedía apreciables beneficios económicos. Confirmado este pacto, Atenas envió, en el año 460 a. C., una flota de 200 barcos en ayuda a Egipto.

Artajerjes I actuó rápidamente y reunió un ejército que puso a las órdenes de su tío Aquemenes, el mismo que años atrás había sido nombrado sátrapa de Egipto, que fue derrotado en Papremis, en la zona del delta, donde el propio Aquemenes halló la muerte. Antes de enviar nuevos contingentes contra Egipto, Artajerjes intentó conseguir el apoyo espartano, cuyas relaciones con la ciudad de Atenas se habían enfriado tras la victoria griega de Platea, aunque sus tentativas no obtuvieron el éxito esperado.

Una nueva expedición militar fue enviada a Egipto al mando de los generales Megabizo y Artabazo, que esta vez sí que pudieron recuperar la ciudad de Menfis, donde se agrupaba parte de la oposición a la revuelta de Inaro favorable a los persas.

El golpe definitivo a la rebelión egipcia se obtuvo al conseguir varar parte de la flota griega desviando el curso de uno de los canales de agua del río Nilo. Inaro fue capturado más tarde y enviado a Persia, donde murió crucificado. El rey aqueménida nombró un nuevo sátrapa de Egipto, con lo que finalizaba una rebelión que había perdurado seis años.

En el año 450 a. C., los atenienses volvieron a la ofensiva con una nueva campaña contra el dominio persa en la isla de Chipre, a la que enviaron una flota de 200 trirremes aliados bajo el mando del ateniense Cimón. Los griegos se enfrentaron a la armada persa compuesta por naves fenicias, cilicias y chipriotas, y aunque consiguieron algunas victorias abandonaron finalmente la expedición, en la que el propio Cimón halló la muerte.

Las hostilidades entre griegos y persas, que se habían originado en el año 490 a. C. con la expedición militar organizada por Darío I, habían dado paso a un enfrentamiento continuo entre ambos contendientes que se prolongaba desde hacía ya cuarenta años, y que no había proporcionado aún a ninguno de los dos bandos una victoria decisiva. Esta situación, acentuada tras el fiasco ateniense en Egipto y el despliegue en Chipre, llevó a ambos contendientes a considerar oportuno el inicio de negociaciones que llevaron a la finalización de un conflicto que pesaba demasiado, tanto sobre los recursos persas como sobre los de la Liga de Delos. Fue así, como en el año 449 a. C. se firmó la llamada Paz de Calias entre persas y atenienses.

Las cláusulas de este tratado determinaban la autonomía de las ciudades griegas de Asia Menor, seguramente sólo de aquellas que pertenecían a la Liga de Delos, e impedía a los monarcas aqueménidas intervenir en sus asuntos, al mismo tiempo que prohibía el avance de los barcos persas más allá de las costas de Licia en el sur y el Bósforo en el norte. Por su parte, los atenienses abandonaban la idea de intervenir en territorio persa, hecho que incluía a Egipto y Chipre. Aunque la propaganda helena, que es la que ha llegado hasta nosotros, insistiera claramente en el éxito que supuso este tratado para los griegos, fueron seguramente mayores las ganancias para los persas, ya que ratificaba, de alguna forma, el final de la política agresiva ateniense que amenazaba desde hacía décadas el poderío persa en el Mediterráneo oriental.

Artajerjes I murió en diciembre del año 424 a. C., y fue sucedido por Jerjes II (424-423 a. C.), su único hijo legítimo, cuyo breve reinado, que tan sólo duró 45 días, se vio desafiado por el alzamiento de varios de sus hermanastros, hecho, como ya sabemos, característico de la historia aqueménida. Así, Sogdiano, hijo de Artajerjes I y de una concubina babilonia llamada Aloguna, conspiró contra Jerjes II, que fue finalmente asesinado. Sin embargo, Sogdiano no fue el único aspirante al trono en esta ocasión, ya que otro de sus hermanastros, Oco, sátrapa por entonces de la provincia de Hircania y que parece que se había rebelado al mimo tiempo que Sogdiano, rehusó reconocer a este último como monarca. Finalmente, en febrero del año 423 a. C., tras la eliminación de Sogdiano, Oco fue nombrado nuevo rey de Persia con el nombre de Darío II (423-404 a. C.), aunque aún tendría que librarse de las intrigas de otro de sus hermanos.

Pocos años más tarde, los atenienses volvieron a inmiscuirse en los asuntos persas apoyando el alzamiento en Caria de Amorgos, hijo de Pisutnes, el sátrapa de Sardes que se había rebelado contra el poder de Darío II. La ayuda ateniense violaba los términos de la paz firmada con Persia, hecho que provocó un cambio de orientación en la política imperial aqueménida.

La diplomacia persa se decantó esta vez por Esparta que desde el año 431 a. C. se enfrentaba al poderío ateniense en la Guerra del Peloponeso. Así, los persas iniciaron conversaciones para concluir un tratado de paz con los espartanos y reclamaron el dominio sobre Asia Menor y los tributos debidos por las ciudades griegas de la zona, ambos actos con el objetivo de recuperar el territorio perdido y debilitar a su rival, Atenas.

Las negociaciones llevaron a Esparta a firmar un primer tratado con el gran rey persa en el año 412 a. C., que sería seguido en breve por dos acuerdos más, con los que se aliaba a los persas en la guerra contra Atenas. De esta forma, Esparta reconocía los derechos persas sobre las ciudades de Asia Menor, mientras que Persia prometía apoyo militar y económico en la guerra que aquella disputaba contra Atenas.

Esta alianza obligó a los espartanos a prestar ayuda a Tisafernes, comandante en jefe del ejército persa en Asia Menor, para acabar con la rebelión de Amorgos en Caria. Aun así, y debido a la división y la competencia entre los sátrapas minorasiáticos y la negativa por parte de Darío II de emprender grandes preparativos militares y económicos destinados a Occidente, los persas no pudieron aprovecharse del largo conflicto que enfrentaba a atenienses y espartanos.

Esta situación cambió drásticamente con la llegada a Asia Menor, en el año 407 a. C., del príncipe Ciro, hijo de Darío II, nombrado comandante supremo de las fuerzas persas en Anatolia, con el objetivo de poner orden en la zona y de ayudar a los espartanos a derrotar definitivamente a Atenas. La colaboración entre Ciro y Lisandro, el almirante de la flota espartana, permitió dar el golpe definitivo a la resistencia ateniense, que tras la derrota naval de Egospótamos, en el Quersoneso tracio, en el año 405 a. C., se vio obligada a negociar la paz que daría fin a 27 años de guerra entre ambas ciudades.

La muerte de Darío II en el año 404 a. C. trajo consigo la ascensión de un nuevo monarca en la persona de Artajerjes II (404-359 a. C.) y también, y como era de esperar, el inicio de nuevas confrontaciones dinásticas.

Insatisfecho el victorioso príncipe Ciro con la elección de Artajerjes II como heredero al trono inició los preparativos para disputar a su hermano el imperio. Para ello reunió un gran ejército formado en parte por mercenarios griegos que llegaron a sumar un contingente de 13.600 soldados, desempleados tras la finalización de la Guerra del Peloponeso, y logró el apoyo tanto de Esparta como de diversas ciudades griegas, a lo que se sumaban sus propias tropas, reclutadas en Asia Menor.

En el año 404 a. C., el mismo de la muerte de Darío II, se produjo en Egipto una nueva rebelión dirigida por un dinasta local llamado Amirteo, un alzamiento que obligó a Artajerjes II a demorar los preparativos militares necesarios para enfrentarse a Ciro, ya que el monarca persa consideró prioritaria la recuperación de los enormes recursos suministrados por la satrapía egipcia. No obstante, Artajerjes ordenó a los gobernadores de Asia Menor que dificultaran todo lo posible los planes militares de su hermano.

Si bien Ciro no consiguió demasiado apoyo de los sátrapas y generales persas ubicados fuera del territorio por él controlado, se puso en camino hacia la ciudad de Babilonia en la primavera del año 401 a. C., rápidamente con la intención de impedir a Artajerjes II reunir todos sus efectivos. Ambos ejércitos se enfrentaron en Cunaxa, a 70 kilómetros al norte de la capital

La retirada de los Diez Mil. La *Anábasis* de Jenofonte

La derrota del príncipe Ciro ante el ejército de su hermano, el rey Artajerjes II, en Cunaxa en el 401 a. C., dio origen a una de las aventuras militares más extraordinarias de la historia antigua. Aunque el ejército ciriano rebelde fue derrotado y dispersado por las tropas leales al monarca persa, los contingentes de mercenarios griegos, que no habían sido vencidos en el enfrentamiento, sobrevivieron a la batalla casi intactos, por lo que se encontraron, de pronto, aislados en territorio hostil, a miles de kilómetros de su patria, con escasos suministros y rodeados por el enemigo contra el que habían luchado. Por si esto fuera poco, los líderes y comandantes griegos más destacados, entre los que estaba el general Clearco, fueron traicionados y asesinados por los persas poco después.

En estas condiciones, las huestes griegas iniciaron un arduo y dificultoso regreso a casa, liderados por el escritor y militar Jenofonte, para lo cual tuvieron que atravesar una distancia de casi 4.000 kilómetros desde las tierras de Mesopotamia, perseguidos y hostigados por el ejército enemigo y por los pueblos nativos de los territorios por donde pasaban, para llegar a la ciudad de Trapezunte (la actual Trebisonda, en Turquía), en el litoral sur del mar Negro, desde donde decidieron regresar a las costas griegas del oeste de Asia Menor.

Se trata de toda una epopeya que conocemos a través de la obra de Jenofonte que, afortunadamente, nos legó en su *Anábasis* el relato histórico vivido en primerísima persona de la retirada de los Diez Mil.

babilonia, batalla que se saldó no sólo con la derrota del ejército ciriano, sino también con la muerte del propio Ciro, desenlace que significó el inicio de la epopeya de los mercenarios griegos supervivientes, que se dispusieron a iniciar una larga y peligrosa travesía de regreso hacia sus hogares en Grecia. Artajerjes II recompensó a varios de los nobles que se habían mantenido fieles a su persona, sobre todo al sátrapa Tisafernes, e incluso se dispuso a perdonar a aquellos que, por una razón o por otra, habían abrazado la causa de su hermano, tras recibir, eso sí, su homenaje y su fidelidad personal.

Aunque Artajerjes II había acabado con la amenaza que suponía la rebelión de su hermano, mucho era todavía lo que faltaba para restablecer el orden en la parte occidental de su imperio, ya que era necesario pacificar la zona de Asia Menor y acabar con la rebelión de Egipto, que no había podido ser doblegada hasta el momento.

Artajerjes II envió a Asia Menor al fiel Tisafernes con el objetivo de recuperar y pacificar las provincias anatólicas y de volver a situar a las ciudades griegas de la zona bajo dominio persa, hecho que motivó que aquellas solicitaran ayuda a Esparta, la potencia griega hegemónica del momento. Esta situación obligó a los espartanos a enviar, en el año 399 a. C., un pequeño ejército a Asia Menor, al que pronto se sumaron los supervivientes griegos del ejército ciriano, hecho que supuso la renovación de la guerra entre Esparta y Persia.

La superioridad en el combate en tierra de la infantería griega y la desunión de nuevo de los sátrapas occidentales obligaron a los persas a llevar la guerra al mar. Tras el descubrimiento en Esparta de los preparativos en secreto llevados a cabo por los persas para reunir una nueva flota en Chipre y Fenicia, se decidió enviar, en el año 396 a. C., al rey espartano Agesilao a Anatolia con una fuerza expedicionaria de 12.000 hombres. Aunque Agesilao se mantuvo en territorio minorasiático entre los años 396 y 394 a. C., su actividad no supuso ningún avance significativo en el enfrentamiento contra los persas. Sus únicos logros fueron el mantenimiento de la confusión política en la zona y la penetración en el interior del territorio aqueménida hasta la altura del río Halys, con lo que demostraba la aparente debilidad del rey persa y la de sus ejércitos al enfrentarse a la bien entrenada y disciplinada infantería griega.

Nuevos problemas en la propia Grecia obligaron a los espartanos a reclamar el regreso de Agesilao, entre los que se hallaba la oposición política de algunas ciudades griegas y la puesta en marcha de la diplomacia y el oro persa.

La retirada de Agesilao de Asia Menor fue seguida por la victoria naval persa en Cnido, obtenida en el año 394 a. C., tras lo cual la flota del gran rey fue expulsando a las guarniciones espartanas tanto de las islas del Egeo como de las ciudades de Asia Menor, llegando incluso a desplegar su actividad hasta las mismas costas del Peloponeso, donde la amenaza persa no se había dejado notar desde la derrota de Jerjes I en el año 479 a. C.

Los enfrentamientos entre las diferentes ciudades griegas entre sí y entre griegos y persas en Asia Menor y en el Egeo prosiguieron durante los años siguientes. En este conflicto se oponían los intereses tanto de los espartanos, que pretendían mantener la hegemonía conseguida tras la victoria en la Guerra del Peloponeso, como de los atenienses cuyo objetivo era recuperar su posición política previa a la derrota, y de los tebanos y peloponesios, que pretendían aprovecharse de una época de desequilibrio político en la Grecia continental. Por su parte, los persas procuraban afianzar su poder en los territorios dominados desde antaño por ellos, como era el caso de Chipre, Egipto y Asia Menor.

Esta situación acabó en el año 387 a. C. con el establecimiento de la Paz del Rey o Paz de Antálcidas, como la conocían los griegos debido al nombre del representante espartano que negoció las cláusulas de este tratado con los persas. El acuerdo fue firmado entre Artajerjes II y los estados helenos y ratificado en un congreso de paz reunido en la ciudad de Sardes al que acudieron los emisarios de todos los estados en liza. Más tarde, la paz ofrecida por el rey fue aceptada por los griegos en un congreso reunido en Esparta que declaró una paz general y en la que, desde una posición de fuerza, Artajerjes impuso sus condiciones: el dominio persa sobre las ciudades de Asia Menor y las islas de Clazómenes y Chipre y la libertad de las demás ciudades griegas, excepto Lemnos, Imbros y Esciros, que pertenecían a los atenienses. El poderío persa sería, además, el que se encargaría de mantener las cláusulas de este acuerdo.

Con la paz del año 387 a. C., Persia conseguía, gracias al desgaste sufrido por los estados helenos tras años de guerras y conflictos, una posición de arbitraje sobre ellos, consolidando su posición en Asia Menor y extendiendo su poder y su protectorado al resto del territorio griego hasta límites insospechados en el pasado, al mismo tiempo que debilitaba a los diferentes estados helenos al establecer la independencia de todas las ciudades griegas, evitando así el poder de las diversas ligas constituidas por ellas y, por tanto, la hegemonía de las ciudades que las lideraban, como Atenas, Esparta, Tebas, Argos o Corinto. La paz fue jurada por las diferentes polis griegas y Esparta se convirtió en la guardiana y garante de la aplicación de sus condiciones.

Una vez solucionado en su favor el conflicto griego, Artajerjes II pudo prestar más atención a la rebelión que aún persistía en Egipto desde el acceso al poder del faraón Amirteo y a la política díscola y agresiva de Evágoras, rey de la ciudad chipriota de Salamis. Nuevas fuerzas navales y terrestres fueron enviadas contra Evágoras, que vencieron al rey chipriota en el año 384 a. C., tras lo cual asediaron su capital. Evágoras, incapaz de resistir la ofensiva aqueménida, inició conversaciones de paz con las que consiguió mantenerse como rey de Salamis, aunque sometido a las órdenes del monarca persa. Poco después, las tropas imperiales tomaron la ciudad de Tiro, que también se había rebelado contra el poder persa y había prestado su apoyo a Evágoras.

Tras recuperar Chipre y Tiro, Artajerjes II despachó un ejército contra Egipto, donde gobernaba desde el año 380 a. C. el faraón Nectanebo I (380-362 a. C.). Las tropas persas fueron derrotadas en el año 373 a. C., un nuevo fracaso al que no fueron ajenos los interminables preparativos persas y los imponentes esfuerzos defensivos llevados a cabo por el faraón egipcio.

Los últimos años de gobierno de Artajerjes II, después de haber controlado la situación en Grecia, estuvieron dominados por el estallido de diversas rebeliones de los sátrapas que gobernaban las provincias de Asia Menor. Estas revueltas afectaron a los territorios de Datanes en Capadocia, (372-362 a. C.), Ariobarzanes en la Frigia Helespontina (366-363 a. C.), Orontes en Misia (363-360 a. C.), y posiblemente a la rebelión de Mausolo en Caria.

La concentración territorial y temporal de estas revueltas y la información confusa y tergiversada que de ellas nos han dado las fuentes griegas ha llevado a este período a ser conocido como el de la gran revuelta de los sátrapas. Los historiadores se encuentran divididos a la hora de considerar este episodio como una revuelta general en Occidente dirigida contra el poder central del monarca persa o, como más recientemente se ha defendido, como una serie de revueltas satrapales que se desencadenaron a lo largo de la misma década, pero no de una forma unificada o coordinada entre ellas. Estaríamos presenciando, pues, la marcha habitual del poder provincial, en la cual era normal la confrontación entre las ambiciones de los propios sátrapas y la traición entre ellos, como había quedado bien claro con la incompetencia persa a la hora de sacar provecho del enfrentamiento entre los griegos, y en la que lo único que buscaban los gobernadores era materializar sus ambiciones y buscar el favor real. Por ello, estas revueltas no supondrían, ni mucho menos, una profunda y definitiva degradación del poder real persa sobre los gobernadores y los territorios provinciales, imagen que ha llegado a nosotros a través de las parciales fuentes griegas, sino el normal funcionamiento de la maquinaria imperial, en el que acababa siempre imponiéndose, de una forma u otra, el gran rey persa.

A finales de noviembre del año 359 a. C. murió Artajerjes II. Según algunos autores griegos, su hijo el príncipe Darío, que había sido designado su sucesor, se rebeló contra su padre antes de que este muriera y conspiró contra él instigado por el noble Tiribazo. Una vez descubierta la conjura, Tiribazo murió en una refriega y Darío fue juzgado y ejecutado, tras lo cual Oco, el tercer hijo de Artajerjes, se manejó certeramente para conseguir el favor real y eliminar a sus otros rivales al trono.

Tras este relato de intrigas palaciegas sobre la llegada al poder de Oco, el futuro Artajerjes III (359-338 a. C.), los historiadores han adivinado, como en la mayoría de las sucesiones en la Persia aqueménida, la existencia de facciones y conflictos sucesorios que sin duda alguna habían llevado a la lucha entre los hijos legítimos de Artajerjes II y a la victoria y sucesión, finalmente, de uno de ellos.

Crónica de Artajerjes III. Tablilla de barro que narra
la captura de la ciudad de Sidón, tras su rebelión contra el
poder persa, probablemente en el año 346 a. C. Proveniente
de la ciudad de Babilonia. Museo Británico, Londres.

Aun así, el acceso al trono de Artajerjes III iba a
poner fin a la etapa de debilidad e incertidumbre política que había demostrado Persia en los territorios más
occidentales de su imperio durante los últimos años. El
nuevo rey se hizo cargo pronto de la rebelión egipcia,
que perduraba en ese territorio desde hacia ya más de
cuarenta años, y de la restauración del poder persa en
Asia Menor.

Con este objetivo, una de las primeras medidas que
tomó Artajerjes fue la de ordenar a todos sus sátrapas des-
mantelar sus ejércitos de mercenarios, ya que además de
no garantizar la tranquilidad de los territorios occidentales, dotaban a los gobernadores provinciales con las
fuerzas necesarias para rebelarse contra el poder real.

No sabemos si por esta causa o por cualquier otra
un nuevo sátrapa se rebeló en contra de la autoridad de
Artajerjes III. Esta vez fue Artabazo, gobernador de la

Frigia Helespontina, que se zafó del poder real, probablemente en el año 358 a. C. Artabazo recibió ayuda primero de Atenas y más tarde de la ciudad griega de Tebas, aunque finalmente, y después de varios enfrentamientos armados, Artajerjes consiguió hacer huir al rebelde, quien con toda su familia se refugió en la corte del rey macedonio Filipo II.

Una vez consolidado el poder real en Asia Menor, Artajerjes III tuvo las manos libres para acabar con la rebelión de Egipto. Allí, Nectanebo II (361-343 a. C.) había arrebatado el poder a Teos (362-361 a. C.), hijo de Nectanebo I, y había rechazado una ofensiva persa dirigida contra él en el año 351 a. C.

Los preparativos que Artajerjes III estaba llevando a cabo para recuperar el territorio egipcio fueron retrasados por la rebelión en el año 346 a. C. de la ciudad fenicia de Sidón, que se alzó contra el poder persa apoyada por el propio Nectanebo II, lo que permitió a los sidonitas apropiarse de los avituallamientos que, almacenados en la ciudad, se estaban reuniendo para iniciar la campaña egipcia. La mala suerte parecía perseguir al rey Artajerjes III, pues a esta rebelión se sumó poco después un nuevo alzamiento en la isla de Chipre.

Aunque parecía que los peores fantasmas de la historia de Persia se repetían de nuevo, la energía de Artajerjes y su voluntad de solucionar de una vez por todas la situación de continua rebeldía en el occidente del imperio le obligaron a ponerse al frente de su ejército con el que consiguió recuperar la ciudad de Sidón y restablecer la autoridad persa en Chipre.

El camino para la reconquista de Egipto estaba de nuevo abierto y se siguió tan pronto como las circunstancias se lo permitieron. Una segunda expedición dirigida por el propio rey se puso en marcha en el año 343 a. C. El avance persa no pudo ser, esta vez, rechazado por las fuerzas de Nectanebo II que tras retirarse a la ciudad de Menfis, acabó huyendo a Nubia tras considerar insostenible su resistencia.

Por fin, y después de más de 60 años de rebelión e independencia política Egipto volvía a estar bajo poder persa, con lo que Artajerjes III reforzaba su autoridad y con ella el poder real a lo largo y ancho de todo su imperio.

HACIA EL OCASO DE UN IMPERIO. LAS CONQUISTAS DE ALEJANDRO MAGNO

Mientras Artajerjes III recomponía y consolidaba el poder persa en la parte occidental de su reino, el equilibrio político en la Grecia continental había evolucionado hacia un panorama desconocido hasta entonces en la zona.

La ratificación por parte de los diferentes estados griegos de las cláusulas establecidas en la Paz del Rey del año 387 a. C. no evitó el estallido de continuos conflictos políticos y militares entre ellos. A Atenas y Esparta se sumaba ahora la ciudad beocia de Tebas en la lucha por la hegemonía política en Grecia, aunque ninguna de ellas fue capaz de consolidar su dominio de forma permanente, lo que provocó el debilitamiento y la erosión de la base política, económica y social general de las ciudades-estado helenas. Aun así, la hegemonía y el dominio político que los estados griegos habían sido incapaces de imponer sería finalmente alcanzada gracias a la intervención de una potencia extranjera, en este caso de Macedonia.

El reino de Macedonia estaba situado al norte de Grecia, en los territorios que se extienden entre los ríos Axios (actual Vardar) y Aliakmon, en torno al golfo Termaico y las montañas vecinas. En esta región cuya historia, durante mucho tiempo, había transcurrido al margen del mundo griego, se había establecido una

Mosaico de Alejandro, elaborado hacia el año 100 a. C.
y descubierto en la Casa del Fauno, en Pompeya.
Representa la batalla de Isos entre los ejércitos de
Alejandro Magno y Darío III Codomano.
Copia de una pintura original griega del siglo IV a. C.

monarquía de carácter militar a la cabeza de la cual estaba instalada la dinastía de los argéadas.

Este estado de cosas cambiaría con la llegada al poder del rey Filipo II (359-336 a. C.), que durante su reinado transformó el pequeño reino macedonio, que en el pasado había sido incluso dominado por el gran rey persa, en un estado fuerte y dinámico, con voluntad no sólo de dominar los territorios vecinos sino con la aspiración de controlar toda Grecia.

En el año 359 a. C., Filipo II fue nombrado regente del reino macedonio en nombre de su sobrino Amintas IV. Con una gran capacidad y sagacidad política, Filipo II consolidó y unificó su reino, reorganizó el ejército y expandió sus fronteras, conquistando a los pueblos y ciudades vecinos, tanto a tracios al norte, ilirios al oeste como a las diversas ciudades griegas establecidas en el litoral mediterráneo. Pero sus intenciones no se limitaban al dominio de los territorios norteños, sino que Filipo II tenía sus ojos puestos sobre territorio griego, desunido y fácil presa para una potencia en ascenso como la Macedonia.

Fue así como Filipo II emprendió la conquista de Grecia, a la que venció de forma definitiva en el año 338 a. C. en la batalla de Queronea, en el último intento de las ciudades-estado griegas de oponerse al imparable dominio macedonio. Tras esta victoria, Filipo agrupó a los estados griegos en la Liga de Corinto, sobre la que el monarca disponía de un poder indiscutido. De esta forma, en pocos años, Macedonia pasaba de ser un estado residual a convertirse en la potencia militar que dominaba el panorama político en el Mediterráneo oriental europeo.

Durante todo este tiempo, el rey persa había seguido manteniendo su intervencionismo en los asuntos griegos tal y como lo habían hecho con anterioridad sus predecesores, lo que le llevó a oponerse al ascenso del poder macedonio. Esta política dejó bien claro a Filipo que si quería dominar Grecia era necesario prevenir la interferencia del rey aqueménida en el continente europeo. No es de extrañar, pues, que tras someter el territorio griego Filipo se propusiera iniciar una campaña militar contra Persia, aunque su asesinato en el año 336 a. C. puso fin a sus preparativos militares.

Por otra parte, una grave crisis política y dinástica afectaba por entonces a la corte real persa. El rey Artajerjes III había fallecido en el año 338 a. C., en lo que no se tiene muy claro si fue una muerte natural o un asesinato. Tras su muerte, ascendió al poder su hijo Artajerjes IV (338-336 a. C.), si bien el reinado de este no se extendió demasiado en el tiempo, ya que tan sólo dos años después, el mismo año del asesinato de Filipo II, Artajerjes IV murió debido a un nuevo complot, tras el cual ascendió al trono Darío III Codomano (336-330 a. C.), un primo del rey Artajerjes III.

En Macedonia, Filipo II fue sucedido por su hijo, Alejandro III (336-323 a. C.), al que los historiadores pondrían el sobrenombre de Magno, una de las figuras políticas y militares más importantes de la Antigüedad, dotado de una capacidad y de una ambición que harían cambiar, en breve, los paradigmas por los que transcurría la historia.

El nuevo rey macedonio hizo suyos pronto los planes de conquista de su padre y tras imponer la paz en Grecia, donde se habían rebelado algunos territorios, entre ellos Tesalia, Tebas y Atenas, cruzó el Helesponto con un ejército de 5.500 jinetes y 30.000 hoplitas, constituido por soldados macedonios, griegos y mercenarios. El primer enfrentamiento militar entre las tropas de Alejandro Magno y las fuerzas persas se produjo en el año 334 a. C. a orillas del río Gránico, en la región noroccidental de la actual Turquía, donde las huestes macedonias vencieron al ejército de los sátrapas de Asia Menor, tras lo cual Alejandro inició la ocupación y liberación de las ciudades griegas de Anatolia.

Tras su avance por esta región llegó la hora del enfrentamiento entre los ejércitos de Alejandro Magno y Darío III, que chocaron en Isos en noviembre del año 333 a. C. La batalla que puso frente a frente a los dos monarcas se saldó, de nuevo, con la victoria de Alejandro que vio cómo la confusión y el nerviosismo desconcertaban no sólo al ejército persa, sino también al propio rey que se dio a la fuga arrastrando con él al resto de sus tropas.

Alejandro Magno no avanzó hacia el corazón del Imperio persa tras su victoria en Isos, sino que prefirió asegurarse el control sobre Fenicia, el Levante mediterráneo y Egipto, donde fue investido faraón en noviembre del año 332 a. C., tras lo cual fundó la ciudad de Alejandría.

El enfrentamiento definitivo entre macedonios y persas se produjo el 1 de octubre del año 331 a. C. en las llanuras de Gaugamela, en la zona noroccidental del actual Iraq, donde ambos ejércitos volvieron a enfrentarse con idéntico resultado, finalizando el combate con una nueva huida del rey aqueménida.

Tras la derrota de Gaugamela, las provincias centrales del Imperio persa quedaron abiertas al avance de Alejandro Magno, que, una tras otra, fue apoderándose de las capitales aqueménidas que halló en su camino.

La suma de las derrotas sufridas por Darío III le hizo perder el apoyo de los gobernadores de las satrapías orientales, las únicas que quedaban en su poder, lo que provocó su asesinato a manos de Besos, sátrapa de Bactria, en julio del año 330 a. C., el cual se nombró a su vez rey con el nombre de Artajerjes V (330-329 a. C.), aunque no pudo hacer frente al irresistible avance macedonio.

La muerte de Darío III ponía así punto y final a más de 200 años de historia del Imperio persa aqueménida. Además daba paso a una nueva época en la que confluirían los destinos de Grecia, Macedonia y el Próximo y Medio Oriente, y en la que se produciría la expansión de la cultura y de las formas de vida griegas por el continente asiático, creándose así un nuevo horizonte político, económico, cultural y social que marcaría y uniría por primera vez la historia de Asia y Europa.

ORGANIZACIÓN Y ADMINISTRACIÓN DEL REINO PERSA. SOCIEDAD, RELIGIÓN Y ECONOMÍA AQUEMÉNIDA

La monarquía aqueménida era de carácter absoluto ya que el rey constituía el máximo poder político, judicial y militar. Los monarcas persas adoptaron, entre otros, los títulos de gran rey o rey de reyes, de los cuales se apropiaron aunque tenían un origen anterior, con la voluntad de expresar su gran poder y su hegemonía sobre los diferentes estados y reinos que habían incorporado a su dominio.

Uno de los elementos que diferenciaba al monarca persa de sus predecesores próximo-orientales o egipcios era el hecho de que no se le considerara un rey-dios, sino tan sólo un representante en la tierra de Ahura Mazda, la principal divinidad del panteón persa.

Durante este período, el poder siempre se mantuvo en manos de una sola familia, la de los aqueménidas, de la que provenía Ciro II, el fundador del imperio. La sucesión al trono estaba restringida a los hijos varones del rey, debía escoger entre uno de ellos, al cual nombraría príncipe heredero. La elección podía recaer en uno de los hijos nacidos después de que el rey gobernante hubiera accedido al trono, aunque otras consideraciones, como la idoneidad de carácter, también podían influir en la elección del nuevo soberano. Aun así, la sucesión imperial dependió, las más de las veces, del resultado de conspiraciones palaciegas que implicaban a miembros de la familia real y a sus colaboradores en la propia corte y en el ejército.

El monarca persa estaba obligado a demostrar varias virtudes propias de un buen soberano, como una conducta conforme a la moral, su disposición en contra del mal, la defensa de la verdad, engendrar descendencia y demostrar su valía militar en el campo de batalla, elemento este que justificaba su elección como rey capaz de defender al imperio de sus enemigos.

Bajo el monarca y su familia se situaba la nobleza, fuertemente jerarquizada, formada por los miembros varones de las familias de origen persa más importantes. En muchos casos esta nobleza estaba vinculada al monarca a través de alianzas matrimoniales que proporcionaban dignidad y privilegios a los así favorecidos y aseguraba su lealtad al soberano. Los miembros de la nobleza actuaban, además, como consejeros del rey.

El monarca y su corte habitaban, según el período del año, en alguna de las diversas capitales reales, entre las que estaban Persépolis, Pasargada, Ecbatana, Susa y Babilonia. Los traslados reales entre residencia y residencia permitían al monarca hacer evidente su poder no sólo en la capital, sino en diversos territorios del imperio y, al mismo tiempo, le posibilitaba recibir el sometimiento de su población.

La creación y consolidación del poder persa llevó pronto a la formación de un sistema de gobierno imperial en el cual se fueron integrando, poco a poco, los diversos territorios conquistados. Una organización original e insólita, pues hemos de tener en cuenta que esta no tenía precedente alguno en el pasado en relación tanto con su expansión o su poder político como con los recursos económicos que abarcaba.

Sabemos que Ciro II no llevó a cabo importantes reformas administrativas en los territorios y reinos conquistados por él, sino que más bien mantuvo sus estructuras administrativas, ya que en algunos casos, sobre todo en la zona del Próximo Oriente, estas poseían una tradición milenaria. Aun así, pronto surgió, junto a estas entidades administrativas propias, la figura del sátrapa o gobernador provincial al que se asignaba la administración de provincias o satrapías. Entre las primeras satrapías conocidas en tiempos de Ciro II y de su hijo Cambises II, hallamos la de Sardes y la de la Frigia Helespontina en Asia Menor o las de Babilonia, Bactria y Aracosia.

Según Heródoto, fue el rey Darío I quien afianzó el sistema de gobierno provincial basado en las satrapías al dividir el imperio en veinte provincias a las cuales impuso el pago de tributos.

Por otra parte, dentro del territorio persa también podían existir dominios locales, como es el caso de las regiones de Licia o Cilicia y ciudades, como las griegas, que eran gobernadas por tiranos o dinastas locales que ostentaban allí el poder en nombre del rey persa.

Diversas inscripciones nos muestran la expansión y el poder del Imperio persa al nombrar a los diferentes pueblos sometidos a su dominio. El número de estos varía dependiendo de la inscripción analizada, aunque parece que el número de 30 ó 31 pueblos o territorios dominados sería el más adecuado. Según la inscripción de Darío I en Susa, su poder alcanzaba, entre otras, las regiones de Persia, Media, Elam, Partia, Aria, Bactria, Sogdiana, Jorasmia, Drangiana, Aracosia, Satagidia, Gandhara, Sind, algunos de los numerosos grupos de escitas, Babilonia, Asiria, Arabia, Egipto, Armenia, Capadocia, Sardes, Jonia, Tracia, Libia, Etiopía, Maka y Caria.

El gobernador o sátrapa era nombrado por el monarca persa y era su representante en la provincia. Se le dotaba de unas órdenes muy específicas para su administración. Sus funciones incluían el mantenimiento del orden en la provincia y la expansión y consolidación del poder persa, para lo que disponía de fuerzas militares y guarniciones, parte de las cuales eran reclutadas en la misma provincia. Asimismo, debía proporcionar contingentes militares al ejército persa cuando fuera necesario. El sátrapa también se encargaba de la recaudación de los impuestos y de la supervisión del comercio en la provincia. Aunque los gobernadores disponían de una amplia libertad de actuación, tenían que consultar al monarca aqueménida sobre los acontecimientos políticos de importancia y debían atender a las diferentes delegaciones que acudían ante ellos, tanto si provenían de la propia provincia como de cualquier otro lugar.

La mayoría de los sátrapas eran de origen persa, sobre todo a partir del reinado de Darío I. El rey acostumbraba a nombrar como gobernadores provinciales a

Friso de mármol perteneciente al monumento de las Nereidas hallado en la ciudad licia de Janto (390-380 a. C.). El relieve muestra una figura sentada en el trono y vestida a la manera de un sátrapa persa que recibe una embajada. Miembros de su guardia se hallan detrás del trono, mientras que su asistente lo protege con una sombrilla. Museo Británico, Londres.

miembros de su familia, principalmente a hermanos, primos, sobrinos y yernos. A veces se podían llegar a crear auténticas satrapías de carácter hereditario, aunque su continuidad en el tiempo dependía siempre de la voluntad real.

Por el contrario, los cargos en la administración provincial, a excepción del sátrapa, estuvieron siempre abiertos al acceso de la población no persa, lo que permitió a las élites locales comprometerse en la administración del imperio. Estos cargos incluían a miembros de la cancillería provincial, jueces, informadores del rey en la provincia o a gobernadores de territorios más reducidos.

Los extensos dominios del Imperio aqueménida estaban comunicados a través de una amplia red de carreteras que unía las provincias con Persia y los diferentes territorios entre sí. La magnitud de esta red de comunicaciones que sorprendió a los autores griegos y

Dárico o moneda de oro persa (c. 420-375 a. C.)
El anverso muestra al rey aqueménida sujetando un arco
y una lanza. El monarca lleva, además, una aljaba en
su espalda, donde transportaba las flechas.

romanos permitía al poder del monarca hacerse efectivo
en cualquier lugar del imperio y reunir y movilizar grandes ejércitos a través de ella.

Las diferentes capitales reales: Persépolis, Pasargada, Susa, Ecbatana y Babilonia estaban comuni-
cadas a través de carreteras principales. En la parte
oriental del imperio, la ruta principal del norte era la
del Jorasán que unía Ecbatana y Bactria a través de los
territorios de Hircania y que proseguía a través de
Gandhara hacia el valle del río Indo. Otra ruta situada
más al sur comunicaba las ciudades de Babilonia, Susa
y Persépolis y se abría paso a través de Carmania,
Gedrosia y Satagidia para alcanzar finalmente también
el río Indo.

En la parte occidental del imperio, las rutas principales atravesaban Mesopotamia, ya fuera a través de
Babilonia o de la ciudad de Arbela, en el alto Tigris, y se

dirigían a la costa occidental de Asia Menor, bien por el sur, a través de Cilicia y Panfilia, o bien por el norte, a través de Capadocia y Frigia. Otro itinerario importante era el que unía Arbela con las ciudades de Damasco y Jerusalén y desde allí se dirigía a Egipto y Libia.

Aparte de las rutas conocidas como reales, sabemos de la existencia de otras secundarias, normalmente más cortas y que atravesaban zonas montañosas y desiertos. Aunque las vías principales eran accesibles para los carros de guerra, no hemos de pensar en ellas al estilo romano, sino como caminos no pavimentados con amplitudes diversas, aunque bien mantenidos y, sobre todo, marcados, que se convertían en pistas impracticables en las estaciones lluviosas o en la cercanía de áreas pantanosas.

Las carreteras persas disponían de estaciones de paso que estaban encargadas de proveer suministros a los viajantes autorizados (miembros de la casa real, mensajeros, escoltas, trabajadores...). Algunas de estas estaciones han sido localizadas, como la situada en Behistún, entre Persépolis y Ecbatana.

El sistema tributario persa se basaba en la existencia de un impuesto o contribución obligatorio pagado en especies y metales preciosos, sobre todo plata, y en regalos semiobligatorios. La hacienda real administraba, asimismo, las propiedades y las actividades económicas del monarca, cuyos montos se almacenaban en los tesoros reales. También existían tasas aplicadas al comercio, sobre todo en aquellas zonas donde este estaba más desarrollado, como eran Egipto, Babilonia o la Caria griega.

Si bien los impuestos y tributos ya existían en tiempos de Ciro II y Cambises II, parece que estos no estaban fijados de una forma precisa, labor que llevó a cabo Darío I tras acceder al trono. Aun así, algunos territorios estaban exentos de las obligaciones tributarias, como los ocupados por los árabes situados al sur

EL PRIMER SERVICIO POSTAL DE LA HISTORIA

Hay que retroceder hasta los tiempos de los reyes aqueménidas para hallar noticias sobre el primer servicio postal conocido en la historia. Según Jenofonte, historiador y filósofo ateniense de los siglos V y IV a. C., y Heródoto, fueron Ciro II o Darío I los reyes que crearon el sistema de comunicación real persa, que unía los inmensos territorios de su imperio desde Europa a la frontera con la India a través de mensajeros a caballo.

El sistema se basaba en la existencia de estaciones de correo separadas entre sí por la distancia que podía recorrer un jinete en un día, establecimientos que poseían caballos de refresco y cuadras para cuidar los animales.

Según Heródoto, ningún ser vivo podía viajar más rápido que un mensajero persa, ya que nada frenaba su avance, ni la nieve, la lluvia, el calor o la oscuridad. La existencia de este servicio postal está confirmada por alguna de las tablillas de barro halladas en la ciudad de Persépolis, las cuales nos proporcionan el nombre de estos mensajeros: *pirradazis*.

de Palestina, que habían prestado su ayuda al rey Cambises II en la conquista de Egipto, o el templo de Apolo en Magnesia del Meandro, en Asia Menor. Tampoco pagaba impuestos, según Heródoto, el territorio de Persis o Pérside, la zona donde estaban asentadas las tribus persas, sin embargo parece que esta excepción sólo se aplicaba a las cargas obligatorias.

Aunque no podemos llegar a saber la magnitud de los ingresos anuales recaudados por el rey persa, poseemos un dato curioso acerca de ellos. Tras la conquista del Imperio aqueménida por Alejandro Magno durante los años treinta del siglo IV a. C., cayeron en sus manos tras ocupar y saquear los palacios y los centros de administración persas unos 180.000 talentos de plata, o lo que es lo mismo, 4.680 toneladas de plata, y 468 talentos de oro, una cantidad no igualada jamás en la historia.

Pese a que la moneda nunca circuló masivamente en el interior del territorio persa, su presencia fue más abundante en el extremo occidental del imperio, debido al contacto en esta zona con las grandes rutas comerciales que atravesaban Asia Menor, el Levante y Egipto. Darío I fue el primer rey persa que acuñó monedas de oro y plata. Las primeras fueron conocidas por los griegos como dáricos o arqueros, debido a que en ellas aparecía la imagen del rey empuñando un arco. Aunque no fue hasta el siglo IV a. C., con el empleo de mercenarios griegos por parte de los reyes aqueménidas y el pago de la diplomacia mediterránea, cuando se produjo un aumento de la acuñación de moneda persa.

Los diversos pueblos que habitaban en el territorio del imperio poseían lenguas, religiones y formas de vida muy diferentes. Si bien muchas poblaciones, sobre todo en el oeste del imperio, estaban asentadas en centros urbanos, en la parte más oriental persistían con mayor fuerza los pueblos pastorales, nómadas o seminómadas. Los persas no intentaron imponer su lengua, su cultura o su religión a los pueblos dominados por ellos sino que, bien al contrario, procuraron integrar las de estos últimos bajo su poder, como en el caso de las estructuras administrativas, con el objetivo de favorecer y consolidar su propio sistema de gobierno.

En lo que respecta a la religión persa, sabemos que durante el reinado de Darío I el dios Ahura Mazda se convirtió en la principal divinidad venerada por la dinastía aqueménida. De esta forma el monarca persa era considerado el representante de este dios en la tierra para luchar contra la mentira y contra aquellos que actuaban de manera inmoral. Junto a Ahura Mazda existían también una gran diversidad de dioses entre los que destacaron Mitra, el dios sol o Anahita, la diosa del agua y de la fertilidad.

Fue, por otra parte, en época aqueménida cuando el zoroastrismo se consolidó como la religión dominante en el imperio persa. Esta religión, predicada por el profeta Zoroastro, también conocido como Zaratustra, estaba caracterizada, siguiendo el pensamiento religioso iranio, por un fuerte dualismo entre el bien y el mal y entre la verdad y la mentira, en la que el dios del bien, Ahura Mazda, se enfrentaba al dios del mal, Ahriman, y en la cual los hombres tenían que escoger entre uno de estos dos principios antagónicos para conseguir su salvación y alcanzar el paraíso. La sabiduría de Zoroastro fue, además, recopilada en el *Avesta*, las sagradas escrituras zoroástricas, una colección de textos utilizados en el ritual religioso.

6

Partia, la creación de un nuevo imperio

LA LUCHA ENTRE LOS SUCESORES DE ALEJANDRO. LOS SELÉUCIDAS (305–205 A.C)

La figura y las conquistas de Alejandro Magno abrieron una nueva etapa en la historia del Oriente antiguo en la que la cultura griega y el dominio macedonio se extendieron por los territorios que habían conformado el Imperio aqueménida. No sería hasta pasado casi un siglo cuando se produciría una recuperación del poderío iranio, que esta vez no se centraría en la supremacía aqueménida sino en la de los partos, pueblo recién llegado a la meseta irania y que a partir de la segunda mitad del siglo III a. C. impondría poco a poco su dominio en la zona del Próximo y Medio Oriente antiguo en sustitución del poderío persa, que no volvería a recobrar su papel hegemónico en la zona hasta la llegada al poder de la dinastía sasánida en la provincia de Persia durante la primera mitad del siglo III d. C.

Tras la muerte de Darío III en el año 331 a. C. y la del propio Besos en el 329 a. C., Alejandro prosiguió su

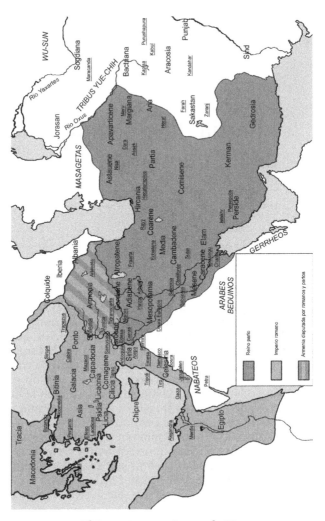

El Imperio parto (ss. I-II d. C.).

avance hacia las satrapías orientales persas que aún no habían sido sometidas. Su marcha a través de las regiones de Hircania, Margiana, Ariana, Drangiana, Aracosia y Bactriana se vio acompañada de continuos enfrentamientos militares, asedios y rebeliones que llevaron finalmente al establecimiento del poder macedonio en toda la zona. Una vez dominadas estas regiones, Alejandro Magno resolvió continuar sus conquistas por territorio indio, donde se enfrentó, entre otros, con el rey Poro, al que venció en el año 326 a. C. en la batalla del río Hidaspes, actual río Jhelum, en Pakistán.

La brillante carrera militar de Alejandro finalizó, sin embargo, con su fallecimiento debido a unas fiebres en el año 323 a. C. en la ciudad de Babilonia, una muerte que abrió un período de incertidumbre política en Oriente, ya que aunque las conquistas macedonias habían finalizado, la organización del nuevo e inmenso imperio que él había creado aún no estaba, ni mucho menos, finalizada.

Así pues, pronto se inició una lucha por el poder entre sus compañeros de conquista y generales que ambicionaron el dominio de los nuevos territorios bajo dominio macedonio y entre los que se hallaban Antípatro en Macedonia y Grecia; Pérdicas, hombre de confianza de Alejandro en Asia; y Crátero, a los que enseguida se sumaron en la lucha por el poder Ptolomeo en Egipto; Antígono el Tuerto en Asia Menor occidental; Eumenes de Cardia en Capadocia y Paflagonia y Lisímaco en Tracia.

La inexistencia de una verdadera autoridad real dio pronto inicio a un enfrentamiento generalizado entre todos aquellos que aspiraban al poder, época que se conoce como la de las Guerras de los Diádocos o Sucesores (323-276 a. C.) y que cubre el período que se extiende desde la muerte de Alejandro Magno hasta la constitución de los diversos reinos helenísticos. Tras casi medio siglo de continuos conflictos militares se acabaron estableciendo tres grandes reinos que se dividieron el territorio conquistado por Alejandro Magno: Egipto, dominado por la dinastía ptolemaica; Macedonia, regida por los antigónidas; y Asia, gobernada por los seléucidas.

Aunque Seleuco I (305-281 a. C.) no era uno de los aspirantes que, en un principio, poseía mayores expectativas en la lucha por el poder tras la muerte de Alejandro, fue, por el contrario, el rey que consiguió dominar la mayor parte del imperio conquistado por este, que constaba de las regiones de Asia Menor, Siria, Mesopotamia, Irán y las satrapías orientales.

La incorporación de Seleuco en el conflicto se había producido en el año 321 a. C., fecha en la cual se le nombró sátrapa de Babilonia. Seleuco inició poco después una intensa actividad militar para consolidar su situación en Oriente, lo que le llevó no sólo a enfrentarse a sus rivales macedonios, sino también a sus enemigos en las satrapías más orientales e incluso con el emperador indio Chandragupta que se había apoderado de diversos territorios en manos de gobernadores macedonios tras la muerte de Alejandro.

En el año 305 o en el 304 a. C., Seleuco se autoproclamó rey, más o menos por las mismas fechas en que lo hicieron el resto de Diádocos, acabando así definitivamente con la obra imperial heredera de Alejandro. A la muerte de Seleuco I en el año 281 a. C. le sucedió en el trono sirio su hijo Antíoco I (281-261 a. C.).

Durante el reinado de los primeros seléucidas estos monarcas centraron su atención en la parte occidental de su imperio, territorio mucho más cercano al foco original de su poder, que poseía una mayor concentración de los elementos griego y macedonio y desde donde podían conducir mejor su política contra los adversarios occidentales. Esta circunstancia ya había obligado a Seleuco I a compartir el poder con su hijo

Busto de bronce de Seleuco I Nicátor, el fundador de la dinastía seléucida. Tras el enfrentamiento contra el resto de Diádocos consiguió reunir en sus manos la mayoría de los territorios conquistados por Alejandro Magno. Copia romana de un original griego hallado en Herculano. Museo Arqueológico Nacional de Nápoles, Italia.

Antíoco, al que asignó en el año 292 a. C. el gobierno de las satrapías situadas al este del río Éufrates. Fue, además, en el territorio de la actual Siria donde se fundaron cuatro de las grandes ciudades seléucidas, entre las que hallamos Antioquía del Orontes, la capital del reino, Seleucia en Pieria, Laodicea del Mar y Apamea. Esta orientación del centro político del reino seléucida hacia Occidente comportó, por el contrario, el debilitamiento de su poder en los territorios más orientales de su imperio, lo que llevaría con el tiempo a la progresiva desaparición de su autoridad en estas regiones.

Otro de los elementos que ayudaron a erosionar el poder de los reyes seléucidas fue el interminable conflicto que enfrentó a estos monarcas con los soberanos egipcios por el control del territorio fronterizo de Celesiria (las actuales regiones de Siria, Líbano, Israel y Palestina). La continua amenaza enemiga en una zona tan cercana al núcleo territorial seléucida obligó a estos reyes a destinar amplios esfuerzos y recursos a mantener el control sobre tan estratégica región. Esto, sumado a las continuas disputas dinásticas internas de la monarquía siria, obstaculizó en varias ocasiones el despliegue de la actividad militar de los reyes seléucidas en otras provincias y les impidió hacer sentir su poder en un reino tan extenso como el suyo, por lo que se vieron obligados a abandonar la administración de las satrapías más orientales en manos de gobernadores griegos y macedonios. Estos, debido a la situación de lejanía y a la dificultad de las comunicaciones, disponían de amplia mano ancha para dirigir la política de sus respectivas provincias.

La demostración de la debilidad del poderío sirio y los continuos enfrentamientos con sus rivales egipcios tuvieron graves consecuencias políticas, ya que las provincias orientales del Imperio seléucida no tardaron demasiado tiempo en rebelarse contra la autoridad de unos reyes que además de lejanos se mostraban poco capacitados para salvaguardar la integridad de sus propios dominios, y mucho menos dispuestos a actuar y defender los territorios más remotos de su reino.

Así las cosas, fue Diodoto, el sátrapa de Bactria, provincia que abarcaba la región del norte de lo que hoy es Afganistán, así como el sur de Uzbekistán y Tayikistán, el que se rebeló primero en el año 250 a. C. contra el dominio seléucida dando origen al reino greco-bactriano. La sedición de esta provincia fue seguida por la sublevación de la satrapía de Partia, situada en el noroeste de Irán, hecho este último que sería de una importancia crucial en la futura historia del Oriente antiguo.

Andrágoras, el sátrapa de Partia, se había rebelado contra la autoridad seléucida en el año 247 a. C. Esta situación de desorden, a la que se sumaba el enfrentamiento que el rey Seleuco II (246-225 a. C.)

mantenía con su hermano Antíoco Hierax, sublevado en el territorio de Asia Menor, fue aprovechada por los parnos, pueblo nómada de origen iranio que pertenecía a la confederación tribal de los dahae y que habitaba el territorio situado al norte de la cordillera del Koppeh Dagh, para invadir la provincia parta dirigidos por un líder llamado Arsaces. Los parnos consiguieron vencer al sublevado Andrágoras en el año 238 a. C., tras lo cual ocuparon, en poco tiempo, el resto del territorio de la satrapía parta, a la que sumaron el dominio de Hircania, provincia ubicada en la costa sudoriental del mar Caspio.

Este hecho representa la aparición en la historia del pueblo de los parnos, que sería conocido en adelante con el nombre de partos, al adoptar la denominación del territorio que primero ocuparon y que constituiría la base de su futuro imperio, que tomaría el relevo del poderío aqueménida. Arsaces I (247-217/214 a. C.) daría, además, nombre al linaje real parto que recibiría, de esta forma, la denominación de dinastía arsácida.

Esta compleja situación de rebeldía en las provincias orientales no hizo abandonar a los monarcas seléucidas sus aspiraciones de dominio sobre los territorios afectados. Una vez que Seleuco II llegó a un acuerdo de paz con su hermano Hierax en el año 236 a. C., inició los preparativos de una expedición militar contra Oriente para restablecer allí la hegemonía siria.

Seleuco inició su expedición militar, que se prolongó entre los años 230 y 227 a. C., dirigiéndose contra los partos. Aunque los datos que conocemos de esta campaña son confusos, parece ser que el rey seléucida consiguió, en un primer momento, expulsar a los partos hacia las estepas del norte. Sin embargo, la llegada de alarmantes noticias sobre las actividades militares emprendidas por su hermano Antíoco Hierax en Occidente obligó a Seleuco II a regresar a Siria, dejando su campaña inconclusa, circunstancia que aprovecharon los partos para recuperar el territorio perdido.

Tras la muerte de Arsaces I en el año 217 o en el 214 a. C., ascendió al trono parto su sobrino Arsaces II (217/214-191 a. C.). No se produjeron más intentos por parte de los reyes seléucidas por recuperar los territorios orientales hasta la llegada al poder de Antíoco III el Grande (223-187 a. C.), en un momento en el que parecía que, después de poco más de 100 años de existencia, el reino sirio estaba si no a punto de desaparecer, sí al menos de dejar de ser la potencia hegemónica en Asia. A la situación en la zona fronteriza de Celesiria y Asia Menor, territorios que estaban siendo disputados por el rey egipcio Ptolomeo IV y por Atalo, el cada vez más poderoso soberano de Pérgamo, se sumaba la pérdida de las provincias de Partia e Hircania, en manos de los partos, y de las satrapías más orientales, que habían pasado bajo dominio de los reyes grecobactrianos descendientes de Diodoto. A este crudo panorama se sumó, tras el ascenso de Antíoco III al trono, la rebelión de los territorios de Media, Babilonia, Persia y de Media Atropatene, situada esta última en el actual Azerbaiyán, contratiempos que habían reducido aún más los dominios de la dinastía seléucida.

Pero este escenario desalentador no intimidó a Antíoco III que llevó a cabo una titánica actividad política y militar con el objetivo de devolver al Imperio seléucida su esplendor original. Para ello Antíoco acabó con todas las rebeliones que amenazaban su poder, paso previo para que el joven rey pudiera llevar a cabo su propia *Anábasis* o gran expedición hacia las provincias orientales, con el objetivo de reducirlas también a su dominio.

Su primer objetivo fue la Partia del rey Arsaces II, a la que se dirigió en el año 209 a. C. Antíoco III tomó Hecatómpilos, la capital parta situada en la provincia de Hircania. Para evitar su avance el rey parto intentó destruir las cisternas de agua que los reyes aqueménidas habían construido a lo largo de la ruta norte que unía las provincias de Media e Hircania, acción que Antíoco evitó con el envío de una fuerza de caballería. Este éxito permitió a las tropas sirias dirigirse hacia Hircania, donde se enfrentaron al rey parto y le obligaron a aceptar sus condiciones que lo convertían en un monarca vasallo del poder seléucida.

El siguiente paso lo dirigió Antíoco III contra Bactria, donde también se impuso a Eutidemo, el sucesor de Diodoto II al frente del reino grecobactriano. El soberano seléucida acabó concediéndole, después de tres años de duros enfrentamientos, el título de rey y le garantizó sus derechos, reconocimiento al que se sumó la alianza matrimonial entre la hija de Antíoco y Demetrio, el hijo de Eutidemo.

Antíoco III también dedicó amplios esfuerzos a recuperar las regiones próximas a la frontera india, el territorio de Paropanisadas y Aracosia, el cual ya Seleuco I había abandonado en manos del rey indio Chandragupta. Antíoco renovó aquí la amistad con el príncipe local Sofagaseno, concediéndole una independencia política virtual a cambio del reconocimiento de su autoridad, una gran suma de dinero y la entrega de elefantes que más tarde el rey seléucida incorporaría a sus ejércitos.

De esta forma, Antíoco III conseguía, tras años de conflictos y de hazañas militares, devolver al Imperio seléucida a su extensión en la época de Seleuco I, el fundador de la dinastía, aunque en condiciones muy diferentes a las de entonces, ya que el control en las satrapías más orientales se ejercía de forma indirecta a través de reyes clientes, la mayoría de ellos de origen no macedonio, a excepción del caso de la Bactria de Eutidemo.

Aun así, para conseguir mantener la obediencia y el control de estos territorios era necesario perpetuar el poderío seléucida en el futuro, hecho que, como veremos a continuación, fue imposible debido a los problemas internos de la propia monarquía seléucida y a la aparición de un nuevo poder en Occidente, el romano, que con el tiempo se acabaría imponiendo a todos los estados herederos del imperio de Alejandro.

LA CONSOLIDACIÓN DEL PODER DE LOS REYES ARSÁCIDAS

El extraordinario éxito de las campañas de Antíoco III en Oriente no permitía prever la derrota que los intereses seléucidas sufrirían en breve a manos de Roma, que desde hacía varios años estaba inmiscuyéndose en los asuntos políticos del Oriente mediterráneo.

Desde la segunda mitad del siglo III a. C. la República romana había ido incrementando sus contactos políticos en la región. Esta actividad había puesto a Roma cada vez más en contacto con los reinos herederos del imperio de Alejandro y con las ciudades-estado griegas, hecho que la obligaría, tarde o temprano, a oponerse a la potencia constituida por el reino seléucida, que bajo la dirección de Antíoco III aspiraba a controlar no tan solo los territorios más orientales de su imperio sino también a recuperar la hegemonía en Asia Menor y en Europa.

El enfrentamiento entre Roma y Antíoco III se inició en el año 192 a. C. y llevó a la derrota seléucida en la batalla de Magnesia dos años más tarde, al ser las tropas sirias superadas por las firmes y disciplinadas legiones romanas dirigidas por Domicio Ahenobardo, el lugarteniente de Escipión el Africano. La derrota de Antíoco III no solo afectó al occidente de su imperio, donde se vio obligado a abandonar gran parte de Asia

Dracma de plata acuñada por el rey
grecobactriano Eucrátides (171-145 a. C.).
En el anverso aparece el busto del monarca con
casco beocio de caballería y penacho.
En el reverso, rodeados por la leyenda
«Gran rey Eucrátides» aparecen Cástor y Pólux,
dioses griegos de la doma, sujetando palmas
y armados con lanzas.

Menor y a pagar una fuerte indemnización de guerra,
sino que también tuvo amplias consecuencias en oriente,
ya que pronto los reinos de Armenia, Partia y Bactria
dejaron de enviar su tributo y de reconocer la soberanía
seléucida.

En territorio parto, mientras tanto, el fortalecimiento del poder arsácida había avanzado durante los
reinados de los monarcas Priapatio (191-176 a. C.) y
Fraates I (176-171 a. C.). Sería, sin embargo, el hijo de
este último, Mitrídates I (171-139/8 a. C.), el rey encargado de establecer las bases territoriales y políticas del
reino parto y de llevar a cabo la transformación del que
era aún un débil principado en un gran imperio, que
recogería de alguna forma la herencia política y cultural del Oriente iranio.

Mitrídates se dirigió primero contra el vecino
reino grecobactriano. Allí gobernaba Eucrátides, rey que

se hallaba enfrascado en una clara expansión por territorio indio, ocasión aprovechada por el monarca parto, que le venció en el año 159 a. C., con lo que consiguió anexionarse las regiones de Tapuria y Traxiana, situadas en el Jorasán, en la frontera entre ambos reinos.

Tras el éxito en Bactria, Mitrídates dirigió su atención hacia la satrapía seléucida de Media, de la cual se apoderó en el año 148 ó 147 a. C. A esta conquista le siguió la de Mesopotamia, que fue invadida por las tropas partas en el año 141 a. C., y donde fueron tomadas las ciudades de Seleucia del Tigris y Ctesifonte, que en breve se convertiría en la capital principal del reino arsácida. Las tropas partas aún tuvieron tiempo de iniciar la conquista del territorio elamita, en el que ocuparon la ciudad de Susa, y de la provincia de Pérside, la región habitada por las tribus persas.

El avance imparable de los ejércitos partos se vio pronto desafiado por la amenaza enemiga que se materializaba tanto en sus fronteras occidentales como en las del norte. A los preparativos militares iniciados por el rey seléucida Demetrio II (146–126 a. C.) se sumó, poco después, la invasión de Partia por parte de los saces, otro pueblo nómada de origen iranio que había sido expulsado de los territorios que habitaba al norte del río Yaxartes por la llegada de las tribus nómadas yuezhi, cuyo avance comportaría, por otra parte, la desaparición del vecino reino grecobactriano en el año 130 o 129 a. C.

Al verse Mitrídates I amenazado en dos frentes diferentes a la vez, decidió dirigir personalmente la defensa de la frontera norte de su reino, mientras encargaba a sus generales la defensa ante la ofensiva seléucida que se inició en el año 140 a. C. Si bien Demetrio II obtuvo alguno éxitos iniciales, fue finalmente derrotado y hecho prisionero, aunque sabemos que Mitrídates I le dispensó un trato amable en la corte parta.

Un poco más tarde, en el año 139 o posiblemente en el 138 a. C., moría el rey Mitrídates I, cuyo largo reinado de más de treinta años había llevado a la transformación del pequeño reino parto en un poderoso imperio que incorporaba bajo sus dominios los territorios de Partia, Hircania, Media, parte de Mesopotamia y diversos territorios del Asia Central.

Durante el reinado de su hijo Fraates II (139/8-128 a. C.) se produjo el último intento seléucida por recuperar los territorios perdidos en manos de los reyes arsácidas. Tras la captura de Demetrio II por parte de los partos había sido nombrado rey en Antioquía su hermano Antíoco VII Evergetes, el cual, tras consolidar su situación en el trono, organizó una nueva campaña militar contra los partos. El nuevo monarca seléucida inició su avance en el año 130 a. C., según el historiador romano Justino, con un ejército formado por 80.000 soldados de infantería.

Antíoco VII consiguió vencer a los partos en tres batallas y apoderarse del territorio de Media, donde recibió el apoyo de diversos vasallos arsácidas, aunque al hallarse cercano el final del verano, el soberano sirio se vio obligado a dispersar a sus tropas entre las diversas ciudades medas para permitir su alojamiento y su manutención durante la estación invernal. El rey Fraates II envió, entonces, emisarios a Antíoco para tratar las condiciones de un acuerdo de paz.

Antíoco VII, que se creía con la fuerza suficiente, comunicó a los emisarios de Fraates que solo aceptaría las condiciones que en el pasado su predecesor Antíoco III había obtenido de los partos, y que no eran otras que la entrega de todo el territorio conquistado fuera de la provincia de Partia, el pago de tributo y la liberación del monarca seléucida cautivo, su hermano Demetrio II, del que Antíoco temía que el rey parto lo pudiera utilizar en su contra, avivando un nuevo enfrentamiento dinástico.

Fraates II se negó a aceptar tales condiciones, aunque si liberó a Demetrio II y lo envió a Siria, con el objetivo que había temido Antíoco. La situación de este rey empeoró en breve ya que las cargas que suponían para las ciudades medas el abastecimiento de las fuerzas seléucidas acantonadas allí y la actividad poco disciplinada de los soldados sirios provocaron la revuelta de sus habitantes. Antíoco reunió sus tropas y, en contra de los avisos de sus generales, se enfrentó en el año 129 a. C. al ejército parto al norte de la ciudad de Ecbatana, batalla en la que el rey sirio halló la muerte y parte de su ejército fue capturado.

La campaña de Antíoco VII Evergetes se convertía, así, en el último intento seléucida por recuperar la grandeza y la gloria del pasado. Esta derrota, sumada a las interminables disputas dinásticas en Antioquía, condenaron a partir de entonces al reino sirio a un estado de parálisis política y militar que presagiaba, en gran medida, su definitiva anexión por parte de los romanos en el año 64 a. C.

La decisiva victoria de Fraates II supuso para los partos, según Justino, el inicio de mayores contrariedades, ya que su prontitud impidió a los mercenarios saces, alistados por el monarca arsácida para este enfrentamiento, llegar a tiempo al campo de batalla y apoderarse, así, del botín esperado. Este hecho provocó su rebelión y el subsiguiente saqueo del territorio parto por las huestes saces. El rey arsácida, que veía como su aplastante victoria se tornaba en una amenaza aún mayor, optó, en el año 128 a.C, por alistar en su ejército a las tropas sirias capturadas de Antíoco VII para enfrentarse a los saqueadores. Una solución que probaría ser desastrosa, pues aquellos no desaprovecharon la oportunidad de pasarse al bando contrario al ver como las fuerzas enemigas arrollaban a los partos, que fueron finalmente derrotados junto a su rey, Fraates II, que murió en la batalla.

UN REY SELÉUCIDA EN LA CORTE DEL GRAN REY PARTO

El duradero y encarnizado conflicto que enfrentó a seléucidas y arsácidas desde la segunda mitad del siglo III a. C. no impidió, ni mucho menos, que se establecieran en determinados momentos estrechas relaciones entre ambas monarquías, que se hicieron más evidentes durante los reinados de Demetrio II y su hermano Antíoco VII.

La derrota y el posterior apresamiento del primero en el año 140 a. C. por los partos no llevó, como era de esperar, a su ejecución, ya que la posesión de un monarca enemigo vencido podía ser de gran utilidad para el soberano arsácida, como se demostraría en breve. Por ello Mitrídates II perdonó la vida a Demetrio, tras exponerlo victoriosamente en diversas ciudades partas. No satisfecho con ello Mitrídates le trató con consideración e incluso le ofreció la mano de su propia hija Rhodogune, con la cual tuvo diversos hijos.

El destino no le deparó un porvenir diferente a la familia de su hermano Antíoco VII, tras la nueva derrota que sufrió este rey en el año 129 a. C. ante las fuerzas partas. Mientras que el cadáver de Antíoco fue devuelto a Siria en el interior de un ataúd de plata, sus hijos, Seleuco y Laodice, que habían acompañado a su padre al campo de batalla, fueron apresados.

Si bien Fraates II había permitido a Demetrio II regresar a Antioquía para fomentar allí dificultades en la retaguardia de Antíoco VII durante su expedición militar, hecho que obligó al ex-rey seléucida a abandonar a su esposa Rhodogune, el monarca parto permitió a Seleuco permanecer en la corte arsácida con la distinción de un príncipe, mientras que la belleza de Laodice le hizo ganarse un lugar en el harén real.

Un flujo de estancias y de acomodos que dejaba claro que la hostilidad no era la única relación que se estableciera entre los monarcas seléucidas y sus homólogos los soberanos arsácidas.

De Artabano I (128-124/3 a. C.), el sucesor de Fraates II, lo único que sabemos es que también perdió su vida en un nuevo enfrentamiento contra los pueblos saces. Artabano I fue sucedido por su hijo Mitrídates II el Grande (124/3-88/7 a. C.), uno de los reyes más importantes de la dinastía arsácida pues no en vano su reinado representó la consolidación definitiva del dominio parto.

El primer objetivo del nuevo rey fue acabar con el reciente poderío alcanzado por el principado de Caracene, pequeño estado situado a orillas del golfo Pérsico, en la desembocadura del río Tigris, cuyo sátrapa, Hyspaosines, había declarado su independencia en el año 125 a. C. La base del nuevo principado estaba situada en su capital Spasinou Charax, desde donde Hyspaosines hizo frente a los ataques partos. Mitrídates II decidió en el año 122 a. C. encargarse personalmente del asunto, aunque el rey arsácida no consiguió someter a Hyspaosines, ya que sabemos que el principado de Caracene se mantuvo en pie hasta la llegada de los persas sasánidas en el año 224 d. C.

Hacia el año 113 a. C., Mitrídates aseguró el poder parto en la zona del norte de Mesopotamia con la conversión en estados vasallos de los reinos de Adiabene, situado entre los ríos Gran Zab y Pequeño Zab, afluentes del Tigris, en el Kurdistán iraquí; Gordiene, ubicado en la zona montañosa al sur del lago Van en la actual Turquía; y Osroene, localizado también en el suroeste de Turquía. Mitrídates II dirigió asimismo una campaña militar contra el reino de Armenia en el año 97 a. C., donde gobernaba el rey Artavasdes I, al que consiguió someter, obligándole a entregar a su hijo o tal vez su sobrino Tigranes como rehén.

Fue un año después de su intervención en Armenia cuando se produjo el primer contacto político entre el reino parto y la República romana, estado que poco a poco iba ampliando su poder en Asia Menor y en el

Oriente mediterráneo y que con el tiempo se convertiría en la potencia hegemónica al oeste del río Éufrates, a expensas entre otros, del poderío seléucida.

Así, en el año 96 a. C., el futuro dictador romano Cornelio Sila, gobernador por entonces de la provincia romana de Cilicia, se reunió a orillas del río Éufrates con un enviado del rey Mitrídates II. En este primer encuentro oficial entre romanos y partos se estableció un tratado de amistad entre ambos estados y se fijó el mismo río Éufrates como el límite de la influencia política entre ellos.

Fue también Mitrídates II el monarca que consiguió estabilizar de nuevo los territorios más orientales de su imperio, amenazados desde hacía tiempo por la actividad de los pueblos saces. Si bien el rey Artabano I había conseguido reestablecer el control parto sobre la frontera norte y redirigir a las temibles hordas saces a los territorios surorientales de la meseta irania, donde estos pueblos acabaron instalándose, fue finalmente Mitrídates II el rey que consiguió imponer su dominio sobre gran parte de estas tribus.

El sometimiento de los invasores saces no impidió que estos acabaran, con el tiempo, expandiéndose hacia el este, dando origen al reino indo-escita, que dominaría durante el siglo I a.C parte de los territorios de Afganistán, Pakistán, y el norte y las regiones más occidentales de la India. Su dominio en la zona, sin embargo, fue reemplazado a lo largo del siglo I d. C. por la expansión de una familia noble parta, seguramente la de los Surena, que poco a poco fue conquistando parte de los territorios dominados por los reyes indo-escitas. Estos nuevos monarcas, conocidos como indo-partos, gobernaron estas regiones como aliados de los soberanos arsácidas.

Los movimientos migratorios en la zona no acabaron con el asentamiento de los saces, ya que otros pueblos como los asiani (también conocidos como

Relieve de Mitrídates II en Behistún dañado por una
inscripción kayar del siglo XIX. En él está representado
el monarca Arsácida frente a cuatro notables partos.
Uno de ellos es Gotarzes, que aparece con la leyenda
«sátrapa de sátrapas».

kushanos) y los yuezhi, les habían seguido los pasos
en su desplazamiento, estableciéndose temporalmente
en el territorio de Bactria, desde donde presionaron en
dirección al valle de Kabul y más tarde hacia la zona
del Punjab. Fueron finalmente los kushanos los que
acabaron imponiéndose sobre los yuezhi, los indo-
partos y sobre parte de los dominios indo-saces
creando en el siglo I d. C. un imperio que dominó un
extenso territorio situado al este del reino parto y
que abarcaba desde el río Oxus (actual Amu Daria)
hasta la zona del norte de la India bañada por el río
Ganges.

Por último, cabe destacar que durante el reinado
de Mitrídates II se produjeron los primeros contactos
diplomáticos entre China y Partia, como consecuencia del envío por parte del emperador chino Wu de
la dinastía Han de una misión liderada por el explo-

rador Zhang Qian. A su vuelta a la corte china en el año 126 a. C., Zhang presentó al emperador información, entre otros, del reino de los partos. Poco después, en el año 121 a. C., el emperador Wu envió una nueva embajada oficial al rey de los partos con la intención de establecer una relación estable entre ambos estados. Este feliz encuentro fue el que dio inicio a la ruta terrestre de intercambio comercial entre China, Asia Central y la meseta irania, que adoptaría con el tiempo el conocido nombre de Ruta de la Seda.

No es de extrañar, pues, que conociendo toda la actividad desplegada por Mitrídates II fuera este rey el que se apropió de nuevo del título persa de rey de reyes, hecho que evidenciaba no tan solo la consolidación política del reino parto sino también la voluntad de sus monarcas de presentarse como herederos del imperio de los aqueménidas, intención que quedaba aún más clara con el relieve que Mitrídates II hizo esculpir en el macizo rocoso de Behistún, el mismo en el que Darío I dejara inscrita la versión oficial de su acceso al trono.

A pesar de que Mitrídates disfrutó de un largo, activo y exitoso reinado, no pudo, sin embargo, evitar la aparición de rebeldes y aspirantes al trono durante los últimos años de su vida. Uno de ellos fue Gotarzes I (91/0-81/0 a. C.), un alto oficial que detentaba el hasta entonces desconocido cargo de sátrapa de sátrapas y que disputó el trono al viejo monarca.

La muerte de Mitrídates II en el año 88 a. C. dio inició a una época de desorden en el interior del Imperio parto, la cual no conocemos demasiado bien, aunque sabemos que durante este período se sucedieron en el trono arsácida y de forma más o menos rápida, además de Gotarzes, diversos reyes, entre los que estaban Orodes I (81/0–76/5 a.C) y Sinatruces I (78/7-71/0). No volvemos a estar bien informados de la historia parta hasta la llegada al poder de Fraates III

(71/0-58/7), pese a que fue en los años previos a la ascensión de este monarca en la que se iniciaron las tensiones entre Roma y el reino arsácida, motivadas por del enfrentamiento entre la primera y los reinos del Ponto y Armenia.

LA LLEGADA DE ROMA.
EL ORIGEN DEL CONFLICTO ROMANO-PARTO.

La continua expansión experimentada por la República romana a partir de finales del siglo III a. C. había llevado a la capital del Lacio a extender su dominio por los territorios del Oriente mediterráneo. Uno de los estados que más enérgicamente se opuso al avance de Roma en esta zona fue el reino del Ponto, situado en el noroeste de la península Anatólica, que en la persona de su rey Mitrídates VI Eupátor (120-63 a. C.), había alcanzado su máximo apogeo.

El primer enfrentamiento entre Roma y Mitrídates VI del Ponto se produjo entre los años 90 y 85 a. C. con la llamada Primera Guerra Mitridática, a la que siguió una segunda entre los años 83 y 82 a. C., aunque no fue hasta la Tercera Guerra Mitridática, disputada entre los años 73 y 63 a. C., cuando la tensión entre Roma y el reino parto se hizo manifiesta.

La invasión de territorio romano por parte de Mitrídates VI en el año 74 o el 73 a. C. dio inicio a las hostilidades. La contraofensiva romana, dirigida por los generales Licinio Lúculo y Aurelio Cota, no solo rechazó al ejército invasor sino que permitió a las tropas romanas avanzar sobre territorio póntico, hecho que obligó a Mitrídates a refugiarse en el reino de Armenia, en el cual gobernaba su aliado el rey Tigranes II (95-55 a. C.), que tras haber comprado su libertad a los partos, en cuya corte residió como rehén entre los años 97 y 95 a. C., había sustituido en el trono armenio al rey Artavasdes I.

La negativa del rey Tigranes II de entregar a Mitrídates VI al general romano obligó a Lúculo a invadir, también, en el año 69 a. C., el reino de Armenia, tras lo cual los dos reyes asiáticos buscaron el apoyo del soberano parto Fraates III. Lúculo no perdió tampoco el tiempo y envió en el mismo año 69 a. C. una embajada al monarca arsácida en la que también planteaba al gran rey una alianza y le exigía la definición de su posición en el conflicto. Fraates III optó, sin embargo, por mantener una posición neutral en un enfrentamiento en el que poco era lo que podía ganar y mucho, por el contrario, lo que arriesgaba.

En el año 66 a. C., Lúculo fue sustituido en la dirección de las operaciones militares contra Mitrídates VI por Pompeyo Magno, uno de los políticos más importantes en Roma en aquellos momentos. Pompeyo reemprendió de forma enérgica la campaña contra Mitrídates y Tigranes. Para ello, el general romano buscó también el apoyo de Fraates III que esta vez sí se avino a pactar con Roma y estableció un nuevo tratado de amistad y neutralidad. Los éxitos militares y diplomáticos que tanto se habían resistido a Lúculo se fueron sumando a los estandartes de Pompeyo, quien tras perseguir a Mitrídates consiguió vencerlo y obligarlo a huir a los territorio pónticos del Bósforo, en la costa norte del mar Negro (hoy Crimea Oriental, en el sur de Ucrania; y península de Tamán, en Rusia), donde el rey del Ponto acabó muriendo en el año 63 a. C.

En Armenia la situación también había evolucionado a favor de los planes de Pompeyo. Las desavenencias entre Tigranes y uno de sus hijos habían llevado a Fraates III a invadir el territorio armenio de Gordiene. La posterior llegada de Pompeyo a Artaxata, la capital armenia, obligó a Tigranes II, agotado y aislado tras la muerte de Mitrídates VI, a someterse al general romano.

Pompeyo aceptó la capitulación del monarca armenio, al que confirmó en el trono tras ser obligado a abandonar todas sus conquistas conseguidas durante los treinta años anteriores y que incluían el norte de Mesopotamia, Siria, Cilicia, Sofene y Gordiene, esta última aún en manos de las tropas partas. Fraates III no dudó en reivindicar sus derechos sobre esta región, los cuales Pompeyo desdeñó. Finalmente, la cuestión del dominio de Gordiene se solucionó, estableciéndose el límite entre el reino de Armenia y el de los partos en la frontera norte del reino de Adiabene. Una solución que no pudo evitar la indignación de Fraates III, que veía sus derechos legítimos sobre territorio parto ultrajados y pisoteados por el general romano.

Antes de regresar a Italia, Pompeyo procedió a reorganizar la administración de los territorios orientales que, tras el largo conflicto que había enfrentado a Roma con Mitrídates del Ponto y Tigranes de Armenia, habían pasado de una forma u otra a dominio romano. Pompeyo decidió proteger el territorio directamente controlado por Roma y gobernado a través de provincias con toda una serie de reinos tapón que, en forma de anillo protector, podían evitar el contacto directo entre aquella y el Imperio parto y que no fueron otros que los reinos de Armenia, Capadocia, Comagene en el Alto Éufrates, frente a la frontera parta, el disminuido reino del Ponto y el reino de Galacia.

Esta organización, que intentaba recompensar a todos aquellos estados y príncipes que habían optado por el bando romano en el conflicto contra Mitrídates, demostraba un desconocimiento total del poderío parto por parte de Roma, hecho que, sumado al menosprecio demostrado por Lúculo y Pompeyo, ayudaría bien poco a las relaciones políticas que se establecerían en el futuro entre ambos estados.

No podemos aquí dejar de hacer referencia a un hecho que, aunque de poca trascendencia, sí que mos-

traba claramente el cambio en la estructuración geo-
política de la zona del Oriente antiguo en la época de
Pompeyo, ya que fue en el año 64 a. C. cuando el todopoderoso general romano depuso definitivamente a
Antíoco XIII el Asiático, el último representante de la
dinastía seléucida, que había recuperado el poder en
Siria tras la derrota del armenio Tigranes. Con la
deposición de Antíoco XIII y la creación de la provincia
de Siria, Pompeyo firmaba la defunción del sistema de
reinos herederos del imperio de Alejandro y confirmaba el afianzamiento definitivo de un nuevo poder
en Oriente, el romano, que tomaría en el futuro el
relevo de los reyes seléucidas en el enfrentamiento
contra el Imperio parto.

Poco más tarde, en el año 58 ó 57 a. C., el rey Fraates III murió, según Dión Casio, historiador griego que
vivió entre los siglos II y III d. C., asesinado por sus hijos
Orodes y Mitrídates. Tras su muerte, Orodes II (58/7-
38 a. C.) se hizo cargo del imperio y expulsó a su
hermano de la provincia de Media, en la cual gobernaba. Este hecho, además de hacernos recordar las
inacabables disputas dinásticas propias de la periclitada
corte aqueménida, tuvo una consecuencia aún más
grave pues Mitrídates se vio obligado a buscar el apoyo
de los romanos para defender sus derechos al trono
parto. Así pues, el depuesto príncipe arsácida se dirigió al
gobernador de la provincia de Siria, Aulo Gabinio, que le
ofreció inicialmente su ayuda, aunque los problemas en
Egipto le obligaron a retirarse y a abandonar a Mitrídates a su suerte, que pudo, aun así, tomar las ciudades
de Babilonia y Seleucia del Tigris.

Gabinio fue sustituido por Licinio Craso como
gobernador de Siria en el año 55 a. C., un nombramiento
que sería el origen, en breve, de una de las derrotas más
importantes y famosas que sufrirían las legiones romanas a lo largo de su historia. Craso era, en esos
momentos, uno de los hombres más ricos y poderosos de

Roma, y uno de los triunviros que, junto a César y Pompeyo, se repartía el poder de la República romana, que desde hacía varias décadas estaba inmersa en un período de continua y despiadada guerra civil. Fue en estas circunstancias en las que Craso decidió apoyar a Mitrídates en su intento por hacerse con el trono arsácida.

Los autores clásicos no nos han transmitido una opinión demasiado positiva sobre la actitud de Craso en el conflicto que iba a enfrentar por primera vez a partos y romanos. Al triunviro se le acusó bien pronto de poseer un desmedido anhelo por apoderarse de las riquezas de Oriente, de obtener la fama y el prestigio militar conseguidos por Pompeyo y César y de querer, incluso, emular las hazañas del propio Alejandro Magno hacía ya casi 300 años.

Sin embargo, si analizamos este episodio desde el punto de vista de la política en Oriente, seguramente el más adecuado, podemos entender la campaña de Craso como un intento por parte de este de favorecer los intereses romanos en la zona, al intentar establecer en el trono arsácida a un legítimo pretendiente que debería su posición, en el caso de coronar su tentativa con éxito, al apoyo de las legiones romanas. Sea como fuere, los acontecimientos en la frontera occidental del Imperio parto fueron progresando de forma acelerada.

En este momento es necesario abandonar el relato de los hechos históricos para hacer una breve descripción de la potencia militar parta, indispensable para entender el desenlace final de la campaña.

El origen nómada de los partos había hecho evolucionar sus técnicas militares desde principios totalmente diferentes a los propios del occidente griego y romano. La importancia entre aquellos del caballo y del uso del arco había llevado al ejército parto a basarse en estos elementos en su estrategia militar. Por esta razón sus unidades militares estaban constituidas por contingen-

Grafito de un catafracto parto proveniente de la ciudad de Dura-Europos. En él podemos observar la protección masiva tanto de la montura como del jinete, que sujeta una lanza con su mano derecha.

tes de caballería pesada o catafractaria (del griego *hippeis de kataphraktoi,* o jinetes totalmente cubiertos). El arma principal de estas unidades era la lanza e iban protegidos, además, con casco y armadura de escamas o láminas de metal, protección que cubría también parte de sus monturas.

A su lado, y de forma complementaria, los partos también disponían de una caballería ligera de arqueros a caballo, los cuales disponían de armamento ligero y llevaban poca o ninguna protección, a excepción de un escudo ovalado. Si bien su arma más mortífera era el arco compuesto de origen asiático, cuya fabricación permitía lanzar flechas con mayor impulso. Cada arquero a caballo disponía de su carcaj o aljaba, que podía contener alrededor de 30 proyectiles.

De esta forma, la estrategia militar parta era tan simple como arrolladora y combinaba el ataque ofensivo

Placa de cerámica que representa a un arquero parto a caballo. Parte de su éxito se debía a su gran movilidad y a la capacidad de lanzar flechas con precisión mientras cabalgaba.

con la movilidad y agilidad de sus jinetes. En el ataque parto primero actuaban los contingentes de arqueros a caballo, que en su acometida a distancia y gracias a la potencia de sus flechas debilitaban las líneas enemigas. Tras la actuación de la caballería ligera se iniciaba la carga de la caballería pesada de lanceros catafractos, los cuales arremetían contra los sectores más dañados durante el ataque previo. Esta combinación de ataques podía repetirse en diversas ocasiones, hasta que la resistencia y la moral del enemigo permitieran la victoria parta.

A esta táctica de ataque se sumaba la de la falsa retirada, en la cual la caballería ligera simulaba iniciar la huida con el objetivo de que el enemigo, engañado, rompiera sus filas para iniciar la persecución, hecho que era respondido por los arqueros a caballo dando media vuelta e iniciando de nuevo el lanzamiento de flechas contra las tropas enemigas, ahora sí, desorganizadas.

No sería otro, pues, el panorama que en breve las tropas de Craso hallarían en las cercanías de la ciudad parta de Carras, momento al que, sin más dilaciones, hemos de regresar en nuestra narración.

La marcha del ejército de Craso, al que también acompañaba su hijo Publio, se inició en la primavera del año 53 a. C. Estaba formado por siete legiones, con un total de 40.000 ó 42.000 soldados de infantería, acompañados de 4.000 jinetes galos y 4.000 infantes ligeros. En contra de los consejos del rey de Armenia, Artavasdes II, aliado en un principio de Craso, que instó a evitar el terreno llano favorable a la caballería parta, el general romano optó por dirigirse directamente desde Siria hacia Mesopotamia, donde esperaba hallar a Mitrídates parapetado en la ciudad de Seleucia del Tigris, suposición equivocada, ya que el joven príncipe arsácida había sido capturado y ejecutado pocas semanas antes.

En su travesía hacia el este, Craso se encontró cerca de la ciudad de Carras, actual Harrán, en el sureste de Turquía, con parte de las fuerzas partas, unos 1.000 jinetes catafractos y 10.000 arqueros a caballo, al mando del comandante Surena.

El ataque inicial fue emprendido por la caballería catafractaria parta, aunque al resistir las tropas romanas su acometida, debido a su fortaleza y a la superioridad en número, los catafractos se retiraron para dejar paso al mortal ataque de los arqueros a caballo, que desde una distancia de 45-50 metros dispararon sus letales flechas en grandes cantidades, fuera del alcance de las líneas romanas. La combinación del ataque de la caballería pesada y de los arqueros partos a caballo se repitió en varias ocasiones a lo largo del día, proporcionándole, finalmente, la victoria al ejército de Surena. De las tropas romanas, 20.000 sol-

La batalla de Carras,
una auténtica lluvia de flechas

La derrota romana en Carras no se debió tan sólo al desconocimiento por parte de los generales romanos de las tácticas y estrategias de combate arsácidas, sino también, y en gran medida, a la capacidad de organización y de logística militar parta.

La aniquilación de gran parte del ejército romano requirió el lanzamiento de una continua lluvia de flechas que los arqueros a caballo partos ejecutaron desde la distancia. Si cada jinete arsácida podía lanzar una media de entre ocho y diez flechas por minuto y se ha calculado que fueron necesarios unos veinte minutos de ataque arrojadizo para vencer la resistencia del ejército de Craso, se ha supuesto que en esta primera acometida los 10.000 arqueros a caballo partos lanzaron entre 1,6 y 2 millones de flechas.

Para asegurar el abastecimiento de esta gran cantidad de armamento en el campo de batalla, el general parto Surena organizó una enorme caravana de camellos, alrededor de mil según las fuentes, que suministró los mortales proyectiles a los arqueros arsácidas.

De esta trágica forma Roma descubría la gran capacidad de organización militar de sus enemigos partos, que tendría que tener en cuenta, sin duda alguna, en los futuros conflictos que la enfrentarían con los monarcas arsácidas.

dados murieron en el campo de batalla, entre ellos el propio Craso y su hijo Publio, mientras que unos 10.000 hombres fueron capturados y deportados a la provincia de Margiana. Sólo el resto, unos 10.000 legionarios, consiguieron regresar sanos y salvos a territorio romano.

La derrota romana en su primer encuentro con el ejército parto tuvo importantes consecuencias que afectaron política y militarmente a Roma. La primera de ellas fue que los partos se apoderaron de los estandartes de las legiones romanas derrotadas, hecho que se consideró por sí mismo un insulto y una ofensa al poderío romano. La victoria parta en Carras demostró, asimismo al todopoderoso ejército romano que no era invencible y que sus afamadas tácticas y disciplina podían ser derrotadas, proeza que elevaba al reino parto al nivel de gran potencia en la zona y equiparaba su poder al romano.

El triunfo de Surena permitiría, en breve, la expansión del dominio arsácida por todo el Oriente. El mayor avance parto se consiguió en Armenia, donde el rey Artavasdes acabó estableciendo una alianza con Orodes II, que se materializó en el enlace matrimonial entre Pacoro, el hijo del soberano parto, y la hermana del monarca armenio. Esta alianza llevaría a la creación de una nueva dinastía arsácida en Armenia que reinaría allí hasta la primera mitad del siglo v d. C.

La derrota de Carras supuso, por último, la reducción momentánea de los efectivos romanos en Oriente, ya que Craso había hecho amplio uso de ellos en su fallida campaña. Esta situación permitió a Orodes II invadir los territorios bajo soberanía romana. Con este objetivo envió en el año 51 a. C. un cuerpo expedicionario bajo las órdenes de su hijo Pacoro y del general Osaces, en la que no participaba Surena, ya que este había sido ejecutado poco después de su gran victoria contra los romanos, debido a los recelos y envidias que había suscitado su éxito.

Durante la guerra civil que estalló en Roma en el año 49 a. C. entre Julio César y Pompeyo, Orodes II se mostró eminentemente neutral, aunque mantuvo contactos con este último. Tras la muerte de Pompeyo y la consolidación del poder de César, el dictador romano inició los preparativos de una campaña contra Partia con el objetivo de pacificar las provincias orientales, aunque su posterior asesinato en el año 44 a. C. dio al traste con sus planes militares. En los enfrentamientos entre cesarianos y republicanos que se iniciaron tras la muerte del dictador, parece que los partos optaron por estos últimos, pues en la batalla de Filipos del año 42 a. C. sabemos de la participación de contingentes de caballería arsácida entre las tropas republicanas comandadas por Bruto y Casio.

El rey Orodes II decidió en el año 40 a. C. enviar un nuevo ejército hacia territorio sirio, sabedor de que la situación en Roma le permitía actuar allí sin esperar una fuerte resistencia. Aunque en un principio las tropas partas se impusieron en las regiones de Asia Menor, Siria y Judea, la contraofensiva romana, dirigida por los generales Ventidio Basso y Pompedio Silón consiguió consolidar de nuevo el dominio de Roma en Oriente. El propio Pacoro halló la muerte en el año 38 a. C., tras lo cual los restos de su ejército se retiraron de territorio romano y cruzaron definitivamente el río Éufrates. La enérgica contraofensiva romana dejaba claro que tras la sorpresa inicial y la humillación de la derrota de Carras los romanos habían aprendido la lección y habían adaptado sus propias tácticas de ataque para poder vencer a las tropas enemigas y recuperar así el territorio perdido en Oriente.

Por lo que respecta al reino parto, la muerte de Pacoro, el joven príncipe heredero, provocó nuevos problemas sucesorios en la corte del rey Orodes II, que se vio obligado a designar a Fraates IV (38-3/2 a. C.), otro de sus hijos, como sucesor, el cual asumió oficialmente el poder en el mismo año 38 a. C. y, al parecer, recompensó su elección urdiendo el asesinato de su propio padre.

En Roma el poder había pasado a manos de Octavio, Emilio Lépido y Marco Antonio, los componentes del Segundo Triunvirato. En la nueva división del

UNA FAMILIA REAL
CLARAMENTE MAL AVENIDA

Unas de las características más apreciables de la historia parta fueron, probablemente, las constantes disputas dinásticas que se originaban tras la muerte de un soberano arsácida. De ellas, una de las más truculentas fue, sin duda alguna, la que siguió al ascenso al trono del rey Fraates IV.

Según Dión Casio, tras la muerte de Pacoro, su padre, el rey Orodes II falleció debido a su avanzada edad y a la pena por el fallecimiento del joven príncipe, no sin antes haber nombrado sucesor a otro de sus hijos, llamado Fraates. Por el contrario, Justino asegura que, una vez nombrado sucesor Fraates asesinó a su propio padre, ya que este tardaba demasiado en cederle la corona. Plutarco, historiador griego que vivió entre los siglos I y II d. C., es aún más descriptivo y nos informa de que Fraates intentó envenenar a su padre, pero que como los efectos del veneno no se hacían patentes, decidió acabar la tarea con sus propias manos.

La crueldad de Fraates IV no acabó aquí, ya que para asegurarse el trono recién conseguido, el nuevo monarca arsácida no dudó en asesinar a sus treinta hermanos, a lo que se sumó también la muerte de su propio hijo, una actuación que indudablemente le liberaba de futuros aspirantes al trono.

La sanguinaria actitud de Fraates dejaba claro así que las disputas dinásticas y nobiliarias por el trono parto eran un asunto muy serio y que requerían, a veces, de aquellos que aspiraban al poder, una alta capacidad de intriga y un sentimiento familiar fuertemente devaluado.

poder entre los triunviros, el Oriente fue asignado a Marco Antonio, el cual se había dirigido a Grecia para supervisar desde allí el contraataque romano dirigido por los generales Ventidio y Silón e iniciar los preparativos de la campaña parta que la muerte de Julio César había interrumpido.

La dura represión política iniciada por el rey arsácida Fraates IV contra los representantes de la nobleza parta proporcionó a Marco Antonio una ocasión idónea para poner en marcha una nueva expedición, para lo cual reunió un enorme ejército compuesto por una fuerza de 100.000 hombres, un contingente formidable para la época. El triunviro inició la invasión del territorio parto en marzo del año 36 a. C., dirigiéndose desde Armenia hacia la ciudad de Fraarta, la capital del reino de Media Atropatene, probablemente localizada cerca de la actual ciudad de Maragheh, en el Azerbaiyán iraní, siguiendo, esta vez sí, el consejo del rey armenio Artavasdes de evitar territorio llano, donde los efectos del ataque de la caballería parta habían demostrado ser mortales.

Ante esta nueva amenaza, el rey Fraates IV reunió un ejército de 50.000 soldados de caballería con el que atacó al ejército romano en un momento en el que sus tropas estaban divididas, consiguiendo acabar con la vida de 10.000 hombres, destruir los ingenios de asedio y el convoy de abastecimiento enemigo. Sin su maquinaria de asalto y tras el abandono del rey armenio, Marco Antonio no pudo finalizar con éxito el asedio de Fraarta. El hambre, las enfermedades y el continuo hostigamiento de las tropas partas hicieron mella en la moral de las fuerzas romanas, por lo que Marco Antonio decidió abandonar el asedio de Fraarta e iniciar la retirada. La campaña de Marco Antonio acabó con la muerte de 32.000 soldados romanos, lo que suponía un nuevo golpe al prestigio militar de Roma en la zona.

Antonio aún tuvo tiempo de iniciar dos nuevas campañas en Oriente que, esta vez sí, culminó con cierto éxito. Aun así, el triunviro no pudo aprovecharse de estas victorias ya que la rivalidad con Octavio, al que en breve se enfrentaría militarmente, le obligó a retirarse hacia territorio romano.

La nueva guerra civil que había estallado en Roma entre Octavio y Marco Antonio acabó finalmente con la victoria del primero en la batalla naval de Actium en el año 31 a. C. seguida, poco después, por la muerte del propio Marco Antonio. Este hecho permitió a Octavio, que recibiría pronto el título de Augusto, reunir en su persona todo el poder del Estado romano, con lo que dio inicio la nueva fase de la historia romana conocida como el Imperio.

En Oriente, sin embargo, la desaparición de la figura de Marco Antonio no comportó la pacificación de la zona. Muy al contrario, la marcha de los ejércitos romanos permitió a Fraates IV recuperar el control de la situación. Aun así, las formas arrogantes y crueles desplegadas, según las fuentes antiguas, por el monarca motivaron su expulsión del trono arsácida, tras lo cual asumió el poder en Partia un usurpador llamado Tirídates (30/29 a. C.). Fraates IV no dudó en dirigirse hacia el norte, en busca del apoyo de los pueblos saces, de los que obtuvo la ayuda militar necesaria para regresar y reconquistar el poder.

La usurpación de Tirídates y la inestable situación política que atravesaba el reino arsácida influyeron, finalmente, en la voluntad de Fraates IV que contempló con buenos ojos la posibilidad de zanjar, de una vez por todas, la rivalidad política y militar que le enfrentaba a Roma. Augusto, por su parte, necesitaba obtener un claro éxito en Oriente que le permitiera consolidar su posición política en Roma y concluir con un conflicto que no sólo había acabado con la vida de demasiados soldados romanos, sino que también había estrangu-

Detalle de la escultura de Augusto de Prima Porta, hallada en 1863 en la villa de este emperador en Roma. Las figuras centrales representan al rey arsácida entregando los estandartes de las legiones romanas a una figura humana vestida como un general, posiblemente el dios Mars Ultor o Marte Vengador. El retorno de los estandartes fue celebrado en Roma como una victoria sobre sus enemigos partos. Museos Vaticanos, Roma.

lado los recursos económicos de las ricas provincias orientales, al mismo tiempo que había hipotecado el prestigio del poder romano en la zona.

Era, pues, el momento de iniciar conversaciones que llevaran a una solución pactada del conflicto. La paz se consiguió en el año 20 a. C., por la cual Fraates IV se obligaba a restituir las insignias capturadas a las legiones romanas, que incluían las de Craso en el año 53 a. C., las de Saxa en el 40 a. C. y las de Marco Antonio en el 36 a. C., además de entregar a todos los prisioneros romanos en su poder aún con vida.

Mientras que la recuperación de los estandartes legionarios fue celebrada en Roma como una victoria si no militar sí moral y política sobre sus enemigos partos, para Fraates IV el acuerdo representó la seguridad de obtener una pronta estabilización en la zona occidental de su imperio. La paz del año 20 a. C. suponía, además, la demarcación del límite entre ambos estados en el río Éufrates y el inicio de un período de paz más o menos estable. La rivalidad entre romanos y partos se centraría, a partir de ahora, en la aspiración de ambos estados por imponer su influencia política en la zona fronteriza entre ellos y, sobre todo, en dominar al reino armenio, que se convertiría en el futuro en el plato de la discordia entre Roma y Partia.

Con todo, el acuerdo de paz alcanzado entre ambos mandatarios traería consigo consecuencias políticas mucho mayores e imprevistas de lo esperado. Augusto había ofrecido como regalo a Fraates la posesión de una esclava llamada Thea Musa. Los múltiples atractivos y encantos de esta la hicieron convertirse en su favorita. De ella, Fraates tuvo un hijo llamado Fraataces que en breve se convirtió en un claro pretendiente al trono.

La pretensión de Musa de que su hijo heredase la corona arsácida la llevó a convencer al rey parto de que enviase a sus otros hijos varones a Roma, lo que le dejaría el camino libre al trono a Fraataces. Convencido de ello, el rey parto acordó con el gobernador de la provincia romana de Siria el envío a Roma de sus cuatro hijos: Seraspadames, Rhodaspes, Fraates y Vonones, junto a sus mujeres e hijos. Llegados a la capital del Lacio, los príncipes partos recibieron un trato digno de la distinción que su posición requería, a la vez que la maniobra de Musa y Fraates IV brindaba a Roma un importante arma política que poder utilizar en el futuro.

Fraates IV murió en el año 2 a. C., posiblemente envenenado por la propia Musa o por su hijo Fraataces, cuya irregular ascensión al trono arsácida con el nombre de Fraates V (2 a. C. - 2 d. C.) dio inicio a un período de conflictos políticos internos en Partia.

La coronación del nuevo rey fue seguida por la unión matrimonial entre Fraates V y su madre, Musa, enlace incestuoso que provocó el rechazo de una gran parte de sus súbditos que no esperaron demasiado para sublevarse contra el monarca parto al que, en el año 2 d. C., expulsaron del trono, lo que le obligó a huir a Siria, donde murió poco después.

El reinado de su sucesor, Orodes III (4-6 d. C.), fue incluso más corto que el de Fraates V. Sus malas maneras, nuevamente según las fuentes antiguas, provocaron el hartazgo de la nobleza parta, que pronto se deshizo de él, según Josefo, historiador judío del siglo I d. C., asesinándolo durante la celebración de un festival o en una cacería.

Fue en este complicado momento en el que se envió una embajada a Roma para solicitar el regreso de uno de los cuatro hijos de Fraates IV. En Roma se optó por hacer regresar a Partia al príncipe Vonones, conocido en la historia como Vonones I (8/9 d. C.), aunque esta decisión tampoco fue del agrado de los partos que vieron en él no sólo a un monarca nominado por Roma, sino también a un soberano que mostraba un comportamiento demasiado romanizado y poco interesado en las costumbres iranias. Así pues, de nuevo los partos se alzaron contra su rey y elevaron al trono a Artabano II (10/11-38 d. C.), rey de Media Atropatene, candidato que seguro poseía unas costumbres iranias mucho más arraigadas que las de Vonones.

El enfrentamiento entre ambos pretendientes se saldó con la victoria de Artabano II, tras lo cual Vonones acabó refugiándose en Armenia de donde fue expulsado poco después, ya que Artabano II consiguió imponer allí a su hijo en el trono, una medida del todo inaceptable para el gobierno romano.

El emperador Tiberio, sucesor de Augusto en el año 14 d. C., decidió enviar un gran ejército a la zona, con el que consiguió instalar en el trono armenio a Zenón, hijo del rey del Ponto, con el nombre de Artaxias III. En el

Tetradracma de plata acuñado por el rey Fraates V
en el año 2 d. C. En las monedas de este monarca
apareció la imagen de su madre y esposa Musa,
representada aquí con tiara, diadema y collar decorado,
con una victoria alada enfrente ofreciéndole
una diadema real.

año 18 o puede que en el 19 d. C., partos y romanos iniciaron conversaciones para resolver el problema armenio, lo que permitió de nuevo la distensión política y militar en la zona.

Artabano II se dedicó entonces a consolidar su poder en territorio parto, que se había visto debilitado tras los últimos acontecimientos. Aunque consiguió imponerse en los territorios de Media Atropatene, Caracene, Pérside, Babilonia y Elimaida, fue seguramente en las provincias orientales de su imperio donde tuvo que hacer frente a los problemas más graves.

En el año 36 d. C., la ciudad de Seleucia del Tigris se rebeló contra la autoridad parta, produciéndose en su interior graves tensiones sociales entre las poblaciones griega, judía y aramea, que acabaron, según Josefo, con la matanza de 50.000 judíos y la expulsión de la población hebrea superviviente de la ciudad.

Los otros iberos del Cáucaso

Las coincidencias en la vida como en la historia son a veces más frecuentes de lo que creemos. Este es el caso del nombre de Iberia, designación dada por los griegos no sólo a los territorios de la Península Ibérica, sino también a otra región situada en el extremo opuesto de Europa, conocida como Iberia caucásica, que en la actualidad forma parte del estado de Georgia.

Este nombre se lo adjudicaron los autores del mundo grecorromano al antiguo reino de Kartili (siglos IV a. C. - V d. C.), que ocupaba parte del territorio oriental de los montes Cáucaso y tenía su capital en la ciudad de Mtskheta, actual Armazi.

El territorio ibero del Cáucaso se vio afectado desde muy pronto por el avance del dominio romano en Oriente, pues ya Pompeyo batalló en esta región en el año 65 a. C. Aun así el reino ibero mantuvo su independencia política, si bien parece que se estableció alguna especie de acuerdo o reconocimiento mutuo entre iberos y romanos.

Como pasaría con la vecina Armenia, el reino de Iberia se acabó convirtiendo con el paso del tiempo en una pieza clave en los conflictos que enfrentaron a Roma y Partia primero y Constantinopla y la Persia sasánida a partir del siglo V, variando la influencia política en el país de un bando a otro según los éxitos políticos y militares conseguidos por alguna de estas potencias en la región.

Como curiosidad histórica cabe destacar que la similitud en la denominación entre los iberos orientales y los occidentales llevó, según el escritor y monje georgiano del siglo XI Giorgi Mthatzmindeli, también conocido como Jorge del Monte Athos, a que algunos nobles georgianos de la época tuvieran la intención de viajar a la Península Ibérica para conocer a sus «hermanos de nombre».

El final del reinado de Artabano II se vio agitado por un nuevo conflicto con Roma, cómo no, debido al dominio sobre el reino de Armenia. Allí, la muerte sin descendencia de Artaxias III en el año 35 d. C. impulsó al soberano parto a intervenir imponiendo como nuevo rey a su propio hijo Arsaces. Tiberio interpretó esta medida como una amenaza y se dispuso a actuar de nuevo en la zona con la ayuda de diversos nobles partos, que veían alarmados la consolidación del poder llevada a cabo por Artabano II durante los últimos años.

La diplomacia romana consiguió instalar en el trono de Armenia a Mitrídates, hermano de Farasmanes, monarca del reino de la Iberia caucásica, territorio que ocupaba el este y el sudeste de la actual Georgia. Este hecho provocó el asesinato del propio Arsaces, tras lo que Artabano II envió un ejército dirigido por Orodes, otro de sus hijos, que fue derrotado por las fuerzas íberas.

La división de la nobleza parta y la continua interferencia política romana generaron un período de enfrentamientos y turbulencias políticas internas en el reino arsácida que no finalizó hasta el año 36 d. C. Sería necesario un nuevo acuerdo diplomático para apaciguar la situación en Oriente. Artabano y Aulo Vitelio, por aquel entonces gobernador de Siria y futuro emperador de Roma, se encontraron en la primavera del año 37 d. C. en un puente sobre el río Éufrates, donde llegaron a un acuerdo. Partia se comprometía a no entrometerse en los asuntos de Armenia y Roma confirmaba la frontera con el reino parto en la ribera del mismo río en el que se hallaban, además de exigir el envío de un rehén arsácida a territorio romano como garante de la paz.

Los últimos años de reinado de Artabano II no fueron todo lo plácidos que el monarca parto hubiera deseado. La aparición de un nuevo pretendiente al trono llamado Cinamo le obligó a retirarse al reino de Adiabene, donde gobernaba por aquel entonces el rey Izates II, que le ofreció su ayuda al rey arsácida para reconciliar a los dos rivales y devolverle el poder, por lo que fue ampliamente recompensado.

La muerte de Artabano II en el año 38 d. C. abrió las puertas de un nuevo conflicto dinástico en el reino parto, fenómeno que se convertiría, como hemos ido viendo, en uno de los problemas principales en la política arsácida. Una conflictividad dinástica que se debía, esencialmente, al poder y a la independencia que ostentaba la nobleza parta, hecho que le permitía jugar a crear y derribar a los monarcas en función de sus propios intereses individuales o de grupo.

Así las cosas, en el año 38 d. C. Vardanes I (38-45 d. C.) sucedió a su padre Artabano II en el trono. El nuevo monarca tuvo que hacer frente pronto a la ambición de su hermano Gotarzes II (43/44-51 d. C.), que se apoderó de parte del territorio parto. Vardanes consiguió vencer a su hermano en un primer enfrentamiento, tras lo que se dirigió hacia la ciudad de Seleucia del Tigris que aún mantenía su rebeldía. Gotarzes aprovechó esta distracción y atacó de nuevo a su hermano, lo que obligó a este a retirarse, a su vez, a territorio bactriano.

Los dos rivales llegaron poco después a algún tipo de acuerdo, por el que Vardanes mantenía el trono y Gotarzes se retiraba a la provincia de Hircania, una solución que permitió al primero recuperar la ciudad de Seleucia del Tigris.

Tras la toma de esta ciudad, Vardanes llevó a cabo, según Tácito, historiador romano que vivió entre los siglos I y II, un largo viaje que lo llevó a recorrer las provincias que integraban su extenso imperio. Esta circunstancia la aprovechó su obstinado hermano para alzarse de nuevo, intento que se saldó con una nueva derrota de Gotarzes.

Por desgracia, los éxitos de Vardanes no le permitieron protegerse de la amenaza constituida por la nobleza parta, la cual conspiró contra su rey, que fue asesinado en el año 45 d. C. durante una cacería.

Con la desaparición de su hermano, Gotarzes consiguió al fin la corona, si bien su carácter cruel le enemistó bien pronto con parte de la nobleza parta que lo había ascendido al poder y que de nuevo dirigió sus ruegos a Roma en busca de la provisión de un pretendiente más adecuado a sus intereses. Complacido el emperador Claudio al poder interferir de nuevo en los asuntos partos, envió a Oriente a Meherdates, hijo de Vonones y nieto del rey Fraates IV. La llegada de Meherdates no fue bien recibida por todos, ya que fue abandonado por algunos de sus partidarios al enfrentarse en el campo de batalla a Gotarzes en el año 49 d. C. Meherdates fue capturado, aunque se le perdonó la vida, no sin antes cortarle las orejas, hecho que, según las costumbres persas, le inhabilitaba para ejercer como soberano.

Gotarzes no pudo disfrutar durante mucho tiempo de su indiscutible victoria, ya que murió en el año 51 d. C. Su lugar lo ocupó Vonones II, rey de Media, soberano que fue rápidamente sucedido por su hijo Vologeses I (51-76/80 d. C.), en cuyo ascenso contó con el apoyo de sus dos hermanos, Pacoro y Tirídates. A cambio de su lealtad y con el objetivo de afianzar su poder, el nuevo rey nombró al primero su sucesor en Media, mientras que para el segundo dispuso de un plan más osado, que le obligaba a dirigir de nuevo su mirada hacia las tierras armenias. Allí, el rey Mitrídates había sido derrotado y ejecutado, junto a su mujer y su hijo, por su sobrino Radamisto, el hijo del rey ibero Farasmenes. Esta situación de inestabilidad política fue aprovechada por el nuevo monarca arsácida para invadir Armenia, donde venció a las tropas de Radamisto e instaló, en el año 54 d. C., a su hermano Tirídates, hecho que presagiaba, sin duda alguna, un nuevo enfrentamiento con Roma.

En aquellos momentos gobernaba allí el emperador Nerón al que disgustó sobremanera la actuación arsácida, por lo que organizó una fuerte contraofensiva militar dirigida por el general Domicio Corbulón que, en breve, se trasladó a la frontera oriental. Tras el fracaso de los iniciales contactos diplomáticos, Corbulón invadió en el año 58 d. C. el territorio de Armenia, aprovechando que el rey Vologeses I no podía ofrecer apoyo a su hermano Tirídates al estar ocupado en el oriente de su imperio enfrentándose a diversos pretendientes al trono, entre los que estaba su propio hijo Vardanes, y luchando contra la rebelión de la provincia de Hircania.

El avance de Corbulón no pudo ser detenido por las fuerzas de Tirídates, lo que permitió al experimentado general romano la toma, en el año 59 d. C., de Artaxata y Tigranocerta, las dos capitales armenias, después de lo cual Nerón estableció como nuevo rey de Armenia al príncipe capadocio Tigranes. La solución de los problemas en las provincias orientales en favor de Vologeses I permitió a este reunir un nuevo ejército que se enfrentó a las tropas dirigidas por Cesennio Peto, que había sustituido a Corbulón al frente de las fuerzas romanas en Armenia, al que derrotó en Randheia, cerca de los pasos de los montes Tauro. El regreso de Corbulón con nuevas fuerzas hizo replantearse su situación a Tirídates, que tras reunirse con sus hermanos Vologeses y Pacoro aceptó las condiciones ofrecidas por el propio Nerón, el cual le confirmaba su dominio sobre territorio armenio a cambio de que el propio Tirídates viajara a Roma para recibir de sus imperiales manos la corona armenia. Las negociaciones parto-romanas permitieron, pues, que en el año 63 d. C. los habitantes de Italia fueran testigos de un hecho sin precedentes, como era la llegada de un

RADAMISTO Y ZENOBIA

En la historia no han sido pocas las situaciones en las que el amor y la entrega de una pareja de amantes han tenido que vencer grandes desafíos. Uno de estos momentos nos lo ofrece la historia de Radamisto y de su mujer Zenobia.

Tal como Tácito nos la relata, la intervención del rey parto Vologeses I en Armenia con la intención de instalar a su hermano Tirídates en el trono de este país obligó a Radamisto y a su esposa a huir hacia tierras iberas caucásicas. Sin embargo, al sentirse Zenobia fuertemente debilitada e incapacitada debido a su embarazo, para seguir a su marido en la fuga solicitó a este, desesperada, que acabara con su vida, para evitar así ser capturada. Al principio Radamisto se negó a los ruegos de su esposa, aunque forzado por la intensidad de su amor y horrorizado al pensar que Zenobia podía ser capturada por otro hombre, desenvainó su espada atravesó a su mujer, y arrojó su cuerpo al cauce del río Araxes, el actual Aras. Después, desconsolado, siguió su camino hacia el reino de Iberia.

Mas el destino quiso que no fuera este el final de Zenobia, pues la herida provocada por su marido no había sido mortal. Su cuerpo fue arrastrado hasta un remanso del río, donde gracias a sus evidentes signos de vida fue avistada por unos pastores de la zona, que la rescataron y curaron sus heridas. Al conocer por su propia boca la trágica aventura de la que había sido protagonista, y tras recuperarse de sus lesiones, Zenobia fue entregada al rey Tirídates I, quien le ofreció un trato amable y la consideró como persona regia.

Radamisto matando a Zenobia de Luigi Sabatelli (1803), en el que se refleja la famosa escena transmitida por Tácito del sacrificio de Zenobia a manos de su esposo Ramadisto, durante su huida de Armenia.

príncipe arsácida a la capital del Imperio romano, donde Tirídates fue coronado durante la celebración de una espléndida y fastuosa ceremonia.

Con la coronación de Tirídates I por parte de Nerón se conseguía un acuerdo en Oriente que daría inicio a un período de unos 50 años de paz entre partos y romanos, y que permitió, por otra parte, la consolidación de la presencia arsácida en territorio armenio.

En la última etapa del reinado de Vologeses I, entre los años 72 y 75 d. C., se fecha la invasión del territorio parto por parte de los alanos, pueblo nómada de origen iranio que habitaba las regiones esteparias situadas al norte de los montes del Cáucaso. Su avance a través de esta cordillera, que recordaba los episodios vividos en toda la zona durante las invasiones escitas del siglo VII a. C., les permitió alcanzar el territorio ocupado por los albanos, no los europeos sino los caucásicos, que habitaban la zona montañosa de la costa centro oriental del mar Caspio. Los alanos se dirigieron más tarde hacia Armenia, donde estuvieron a punto de capturar al propio rey Tirídates I. Su avance los llevó finalmente hacia el reino de Media Atropatene, en el cual aún gobernaba su hermano Pacoro. Tal fue la embestida propinada por los alanos que obligó al rey Vologeses I a solicitar ayuda militar a Roma, cuyo emperador, en esos momentos Vespasiano, se negó a ofrecer, complacido, sin duda alguna, ante las serias dificultades de su vecino arsácida. Los alanos se dedicaron a saquear el territorio parto durante varios años en busca de botín y esclavos, sin hallar en su camino demasiada resistencia.

ROMA GANA LA PARTIDA. EL CONFLICTO ROMANO-PARTO EN EL SIGLO II Y PRINCIPIOS DEL III D. C.

La muerte en el año 80 d. C. del rey Vologeses I dio inicio a una nueva etapa de conflictividad política en el reino arsácida. Varios son los reyes y pretendientes al trono que gobernaron durante los años siguientes, entre los que distinguimos a Vologeses II (77-80), Pacoro II (77/8-108/9), Artabano III (79-81), Vologeses III (111/12-148) o a Osroes I (108/9-127/8), de cuyos reinados conocemos poco más que las monedas acuñadas por ellos.

Aun así, aunque no podamos reconstruir en sus pormenores el período de finales del siglo I e inicios del II d. C. debido a la escasez de fuentes históricas, se considera una etapa de continuos enfrentamientos entre las diferentes facciones nobiliarias partas y los diversos pretendientes al trono, los cuales se dividían el control del territorio arsácida en el que intentaron imponer su dominio, si bien la mayoría de las veces de forma parcial. Lo que sí que sabemos, por el contrario, es que fue durante el reinado de Vologeses II cuando la oleada de incursiones alanas comenzó a remitir, lo que permitió a los reyes partos recuperar el control de los territorios de Media Atropatene y Armenia.

Este período de amplia conflictividad interna en el reino parto influyó en el cambio de política que Roma desplegaría, en breve, en la región del Oriente Próximo. Aunque Vespasiano intentó mantener una actitud neutral en relación con los partos, parece que su hijo Domiciano llegó a proyectar, en algún momento, una campaña de conquista del reino arsácida, un propósito al cual puso fin su muerte. Sin embargo, durante la segunda mitad del siglo I d. C. los emperadores romanos tendieron a imponer su dominio directo sobre los diversos estados-cliente y regiones dependientes que Roma había favorecido en Oriente desde los tiempos de la República, con lo que buscaban afianzar el dominio romano en la zona y asentar de forma más sólida su frontera con Partia en la ribera del río Éufrates. Este avance territorial y la patente división y debilidad del reino arsácida provocarían un cambio en la política pactista romana que se desplegaba en la zona desde la época de Augusto, que fue sustituida por una actitud agresiva con la cual los emperadores romanos conseguirían, al menos temporalmente, imponer su autoridad sobre parte del territorio parto.

De nuevo, y como era de esperar, la confrontación entre Partia y Roma tuvo su origen en Armenia. En este territorio, Osroes, uno de los contendientes por el trono arsácida, había depuesto al rey Tirídates I y había instalado en su lugar a un tal Axidares, hecho que proporcionó al emperador Trajano, en el poder desde el año 98 d. C., una causa con la cual poder iniciar el nuevo enfrentamiento en Oriente.

Trajano se trasladó a la zona en el año 113, una vez finalizada la conquista romana de Dacia. Osroes,

EL GRAN TERREMOTO DE ANTIOQUÍA

Al decidir el emperador Trajano pasar el invierno del año 115 en la ciudad de Antioquía no podía sospechar que sería en este lugar donde sufriría la más grave amenaza contra su vida durante su campaña militar en Oriente.

Fue, de esta forma, el 13 de diciembre de ese año, mientras Trajano hibernaba en la capital siria, cuando se produjo uno de los más graves terremotos que sufriría Antioquía a lo largo de su historia. El movimiento de tierras tuvo más repercusiones de lo habitual, ya que debido a la presencia en ella de Trajano se hallaban en Antioquía no sólo parte del ejército, sino también un gran número de comerciantes, además de personas que tenían algún proceso judicial que lidiar ante el emperador, diversas embajadas y hombres de negocios o particulares que estaban de visita en la ciudad. Según el propio Dión Casio, al haber tanta gente en Antioquía no hubo «nación o pueblo que no se viera afectado» por el terremoto.

A nivel político, el riesgo era todavía mayor, ya que además de Trajano estaba en la ciudad Adriano, su futuro sucesor y pariente, que era en esos momentos gobernador de Siria, y Pedo Vergiliano, uno de los dos cónsules, que murió a causa del seísmo.

Según el mismo autor, Trajano sólo salvó su vida gracias a la actuación de un ser de estatura sobrehumana que lo guió hacia la ventana del edificio donde se hallaba, del que salió con apenas algunos rasguños. Debido a las múltiples réplicas de la primera sacudida y a la inseguridad de toda la región próxima a Antioquía, Trajano decidió instalarse en el hipódromo de la ciudad durante el resto de su estancia en la zona.

consciente de la gran amenaza que se avecinaba, envió emisarios al emperador informándole de que había depuesto a Axidares y solicitándole la aprobación, en su lugar, de su hermano Partamasiris como nuevo rey de Armenia, tentativa de paz a la que Trajano se opuso.

La ofensiva romana se inició en el año 114 con una expedición a Armenia que no encontró resistencia alguna, lo que permitió a Trajano convertir este territorio en provincia romana. Desde Armenia, Trajano se dirigió al norte de Mesopotamia, donde tampoco halló excesiva oposición, debido a la lucha que aún mantenían los diversos pretendientes a la corona arsácida. Tras vencer Trajano la poca resistencia hallada en su avance, se retiró a Antioquía, en Siria, para pasar el invierno del año 115, no sin antes haber creado la nueva provincia de Mesopotamia, que abarcaba los territorios situados entre los ríos Tigris y Éufrates y a la que poco más tarde se uniría la provincia de Asiria.

En el año siguiente, Trajano dirigió sus tropas al corazón del reino parto con el objetivo de tomar su capital. Para ello se apoderó del reino de Adiabene y, en una marcha paralela por la orilla de los ríos Tigris y Éufrates, consiguió tomar las ciudades de Agra, Borsippa, Dura Europos, Seleucia del Tigris y, finalmente, Ctesifonte, lugar donde se apoderó del trono de oro parto y de la hija del propio Osroes. Desde Ctesifonte, Trajano se dirigió al sur, donde el rey de Caracene se sometió al poder romano.

Fue entonces, en el momento en el que Trajano había alcanzado el éxito en su campaña contra los partos, cuando se iniciaron los problemas. Algunos de los nuevos territorios conquistados se rebelaron ante su poder, ya que soportaban mal la nueva autoridad romana, a lo que se sumó una extensa rebelión entre la población judía de las provincias de Judea, Egipto, Cirenaica y Chipre, al mismo tiempo que daba inicio

Sestercio de Trajano acuñado en el año 116 ó 117 en el que
se conmemora la victoria romana. Aparece el emperador
sentado en una silla de campaña sobre un podio,
acompañado por una figura militar presentando al rey
parto Partamaspates, que está tocando su corona, a Partia,
personificada y arrodillada ante él, con la leyenda
«Rex parthis datus» ('rey parto nombrado').
El alto grado de propaganda que poseían
las monedas en el mundo antiguo era altísimo.
Museo Ashmoleano, Oxford.

una fuerte reacción de la resistencia parta, que puso en
peligro todas las conquistas de Trajano.

Mientras tanto, el rey Osroes, lejos de estar inactivo, había conseguido reorganizar su ejército, con el
que inició la contraofensiva militar parta, que obligó a
Trajano a retirarse hacia el norte. En su avance, intentó
tomar la ciudad caravanera de Hatra, uno de los focos
de resistencia arsácida más importantes, objetivo que
no pudo conseguir, tras lo cual las fuerzas romanas se
retiraron a la ciudad de Antioquía. Aunque Trajano
llegó a iniciar los preparativos de una nueva campaña
militar, su muerte, en el mismo año 117, significó el
final de las conquistas romanas en Oriente.

La expedición de Trajano se convertía, así, en un
éxito parcial, pues aunque la expansión territorial del
poder romano había sido manifiesta, no se había podido
acabar con el rey parto y mucho menos con su ejército.

Osroes tardó poco tiempo en reconquistar Ctesifonte, aunque no pudo recuperar el control de todos los territorios adquiridos por Trajano.

La última fase de dominio arsácida en el Próximo y Medio Oriente, que se extiende desde el final de las campañas de Trajano hasta la definitiva ascensión de los persas sasánidas en el año 224, nos es poco conocida, debido, de nuevo, a la escasez de las fuentes históricas pertenecientes a este período, lo que no nos permite relatar de una forma consistente la historia del reino parto a lo largo de los últimos 100 años de su existencia.

Por otro lado, sabemos que el emperador Trajano fue sucedido en Roma por su sobrino e hijo adoptivo Adriano (117-138). Una de las primeras decisiones que tomó el nuevo emperador estuvo encaminada a solventar la situación en que habían quedado las conquistas romanas en Oriente. Adriano fue consciente muy pronto de que los grandes avances territoriales conseguidos en Mesopotamia por su antecesor eran imposibles de mantener, debido a la enorme presión que habían representado para los recursos económicos y militares del imperio.

Así las cosas, el nuevo emperador inició, posiblemente en el año 123, conversaciones de paz con el rey parto Osroes, al que le fueron devueltos todos los territorios ganados por Trajano más allá del río Éufrates, excepto el reino de Adiabene y la ciudad de Dura Europos, situada en la zona nororiental de la actual Siria, conservadas ambas por Roma por razones estratégicas. Adriano también entregó a Osroes a su hija, capturada en Ctesifonte, y prometió devolverle el trono de oro saqueado en aquella ciudad.

Con respecto a Armenia, Adriano accedió al nombramiento allí de un nuevo rey arsácida, del que consiguió que mantuviera su alianza con Roma, si bien esta recuperaría el control del territorio armenio hacia el año 140.

Las negociaciones y la posterior retirada de las tropas romanas consiguieron asegurar un período de relativa paz en la zona, que se mantuvo durante los siguientes 50 años. Aun así, aunque la situación política en Partia se estabilizaba mínimamente, el poder real arsácida nunca se recuperaría del todo del revés representado por la expansión trajanea en territorio parto.

La conclusión de este episodio no supuso el final de los problemas para Osroes, ya que el monarca arsácida seguía manteniendo un enfrentamiento militar contra Vologeses III, otro de los pretendientes al trono, que conseguiría finalmente vencerle, pues en el año 128 ó 129 están fechadas las últimas monedas acuñadas por Osroes.

La tranquilidad tampoco parecía aliarse con el nuevo soberano, dado que sabemos que no sólo tuvo que enfrentarse con un nuevo aspirante al trono parto en Irán, sino también a la renovada amenaza de los pueblos alanos que durante los años 134 y 136 atacaron los territorios de la Albania caucásica, Media y Armenia, llegando en sus incursiones a afectar, incluso, a la provincia romana de Capadocia en Asia Menor y cuya retirada Vologeses sólo pudo conseguir pagando un alto precio.

Vologeses III murió en el año 148 y fue sucedido por Vologeses IV (147/8-191/2), rey que, aunque no pudo imponer su autoridad sobre todo el territorio parto, ya que la provincia de Hircania escapaba de nuevo a la autoridad de los monarcas arsácidas, se vio con la fuerza necesaria para iniciar un nuevo enfrentamiento con Roma.

De nuevo las hostilidades tuvieron su origen en la sucesión al trono en el reino armenio. Allí, Soemo, príncipe de la ciudad de Edesa y senador romano, aspiraba a ser nombrado rey, puesto vacante en esos momentos, hecho que no fue del agrado del rey parto, que envió a Armenia un ejército en el año 161 que derrotó a las fuerzas romanas allí instaladas y conquistó el país. Tras expulsar de allí a Soemo, Vologeses instaló al parto Pacoro como nuevo rey de Armenia. Al año siguiente, los partos invadieron Capadocia y la vecina Siria e incluso llegaron a tomar la ciudad de Edesa.

En Roma gobernaban por primera vez y de forma conjunta dos emperadores, Marco Aurelio (161-180) y su hermano adoptivo Lucio Vero (161-169). Fue este último el que se hizo cargo de la nueva campaña militar. En breve dos fuerzas expedicionarias romanas fueron enviadas contra los partos. Una de ellas avanzó sobre Armenia en el año 163, donde derrotó a las fuerzas partas y destituyó al rey Pacoro, restableciendo en el trono armenio a Soemo. En el año 165 una segunda fuerza, comandada por el general Avidio Casio, invadió Mesopotamia, donde venció de nuevo a las tropas arsácidas cerca de la ciudad de Dura Europos, victoria que le permitió avanzar hacia el sur y ocupar las capitales de Seleucia del Tigris y Ctesifonte, ciudad esta donde fue incendiado el palacio del rey Vologeses IV.

Fue en la misma Ctesifonte donde, según parece, las tropas romanas se expusieron a la peste, epidemia que ya se había expandido por los territorios de China, Partia y Arabia y que hacía estragos en toda la región de Mesopotamia. La enfermedad fue pronto contagiada a los soldados romanos, lo que obligó al ejército de Avidio Casio a retirarse de forma precipitada, abandonando incluso parte del botín y trans–portando la trágica epidemia al interior del territorio romano.

La paz firmada entre partos y romanos en el mismo año 166 reconocía, de nuevo, la potencia de Roma en Oriente, ya que conservaba bajo su dominio una parte del norte de Mesopotamia, donde se incluía la ciudad de Dura Europos, y mantenía a los reinos de Armenia, Osroene y Adiabene como vasallos. Aunque la guerra entre Partia y Roma no comportaba una gran expansión territorial para esta última, ya que se volvía a una situación similar a la que existía antes del inicio del conflicto, de la misma forma que había pasado tras la muerte de Trajano, sí que supuso un severo correctivo para los reyes arsácidas, que permanecieron tranquilos durante los siguientes treinta años.

Como era de esperar, la inestabilidad política no desapareció en Partia tras el establecimiento de este acuerdo, sino que, muy al contrario, fue estimulada por la nueva derrota que los ejércitos arsácidas habían sufrido a manos de los romanos. Así, sabemos que en el año 191 un hijo de Vologeses se rebeló contra su padre, al que sucedió en septiembre de ese mismo año con el nombre de Vologeses V (191/2-207/8).

Mientras tanto, en Roma, la muerte en el año 192 del emperador Cómodo, hijo de Marco Aurelio, dio inicio allí a un nuevo período de luchas por el poder, del que salió vencedor el africano Septimio Severo. Su oponente, Pescenio Níger, nombrado emperador en Oriente, había recibido el apoyo de los reyes de Osroene y Adiabene e incluso el de Vologeses V, que imitaba de esta forma la costumbre de los emperadores romanos de inmiscuirse en los enfrentamientos dinásticos arsácidas. Vologeses llegó a enviar un destacamento de arqueros en ayuda de Níger a la vez que se aprovechaba de la situación de desorden en la zona para imponer su dominio sobre el reino de Adiabene y apropiarse de Armenia.

Tras eliminar a su adversario en el año 194 Septimio Severo se dirigió hacia la ciudad de Nisibis y atacó el territorio de Adiabene. Las operaciones militares de Severo en Oriente se vieron interrumpidas, sin embargo, por la usurpación de Claudio Albino en Bri-

Detalle del arco triunfal de Septimio Severo en el foro
de Roma, erigido en el año 203 para celebrar
los diez años de su coronación. Uno de los hechos
representados es la victoria sobre el reino arsácida.
En el detalle aparecen dos cautivos partos.

tania, lo que obligó a aquel a retirarse, circunstancia
que aprovechó Vologeses V para intentar recuperar el
territorio perdido en manos de los romanos.

El rey parto no pudo, no obstante, beneficiarse de
la temporal situación de debilidad romana en la zona,
ya que nuevos problemas le obligaron, a su vez, a prestar atención a otras regiones de su imperio, en este caso
a Media y Persia, territorios que se habían rebelado
contra su poder, acontecimiento que dejaba bien a las
claras la pérdida de respaldo político de la dinastía arsácida en sus propios dominios.

Vologeses tuvo que ocuparse de la reinstauración
de la soberanía parta de estas dos provincias, hecho que
minó su capacidad de resistencia en el momento del
regreso de Severo, que tras la definitiva derrota de
Albino estaba dispuesto a imponer de nuevo la autoridad y el dominio romano en Oriente.

En el año 197, Septimio Severo dirigió su ejército hacia Mesopotamia, donde tomó para Roma, por tercera vez en menos de 100 años, la ciudad de Ctesifonte, lugar en el que se apoderó del tesoro real parto, éxito al que siguieron la captura de las ciudades de Seleucia del Tigris y Babilonia. Una nueva derrota que no sólo dejaba claro el evidente fracaso militar parto ante las fuerzas invasoras romanas, sino que representaba también un fuerte golpe económico y político a una dinastía que se mostraba incapaz de defender la integridad de sus dominios y de proteger su propia capital.

Vologeses V fue sucedido en el trono por su hijo Vologeses VI (207/8-221/2 ó 227/8), aunque no pasó demasiado tiempo antes de que nuevos conflictos dinásticos debilitaran y desgastaran aún más la autoridad de los monarcas arsácidas. Así pues, en el año 213 Artabano IV, el hermano de Vologeses VI, reclamó para sí el trono parto, lo que dio inicio al último conflicto dinástico entre los monarcas arsácidas. Artabano consiguió controlar Media, desde donde extendió su dominio a Mesopotamia y a la ciudad de Susa.

En Roma, el nuevo emperador Caracalla (211-217), hijo de Septimio Severo, consideró el enfrentamiento entre Artabano IV y Vologeses VI una buena oportunidad para afianzar el poderío romano en Oriente, por lo que en el año 213 o en el 214 redujo los reinos de Armenia y Osroene a dominio directo romano.

Debido a que Vologeses estaba intrigando para imponer al príncipe arsácida Tirídates en el trono armenio, Caracalla decidió favorecer la causa de su rival Artabano, de cuya hija llegó a solicitar la mano, con lo que seguramente pretendía legitimar sus propias aspiraciones al trono parto. La negativa de Artabano precipitó la guerra, por lo que en el año 216 Caracalla inició una nueva expedición militar en Oriente que sería la última que un emperador romano llevara a cabo contra un rey de la dinastía arsácida.

Las tropas romanas tomaron pronto la ciudad de Arbela, situada en la zona del alto Tigris. Ante esta amenaza, Artabano IV y Vologeses VI se vieron obligados a hacer temporalmente las paces. Para la fortuna de ambos, el 8 de abril del 217 el emperador Caracalla fue asesinado en una conspiración urdida por su propio estado mayor, por lo que le sucedió Opelio Macrino, uno de los prefectos del pretorio romano que había acompañado al emperador en su campaña en Oriente. Este hecho lo aprovechó Artabano IV, que invadió el territorio de Mesopotamia y se enfrentó al ejército romano en las cercanías de la ciudad de Nisibis, seguramente en otoño del mismo año. La inseguridad, la confusión y la creciente insubordinación del ejército romano obligaron a Macrino a solicitar un acuerdo de paz al monarca arsácida, por el que se obligaba a Roma al pago de 200 millones de sestercios como compensación por los daños ocasionados en la guerra, un hecho sin precedentes en la historia de las relaciones parto-romanas y una humillación con la que finalizaba el último intento romano de hacerse con el control del territorio parto.

Aunque Roma nunca fue capaz de derrotar definitivamente al Imperio arsácida, el único estado organizado que había frenado el avance de sus ejércitos a lo largo de casi 300 años de enfrentamientos militares, su actitud claramente expansionista en Oriente debilitó de forma continua la autoridad de los reyes partos, hecho que indirectamente deterioró la confianza y la obediencia de muchos de sus súbditos, que vieron cada vez más en los soberanos arsácidas a monarcas incapaces de asegurar la integridad territorial de sus propios dominios. Este hecho, al que se sumaban las continuas disputas dinásticas libradas entre los propios reyes y príncipes partos, llevaría, en

Vista parcial de los restos conservados de la fachada del palacio de la ciudad de Hatra, una arquitectura en la que se pueden observar influencias tanto partas como griegas. Hatra se convirtió en el siglo II en un bastión de la resistencia arsácida contra los ejércitos invasores romanos.

última instancia, a la desafección hacia la autoridad central arsácida de diversas regiones y provincias, como Hircania, Media o la propia Persia, del territorio del cual surgiría la definitiva rebelión que acabaría con el último representante del poder parto.

Fue en este contexto y tras la retirada de las fuerzas romanas de Mesopotamia cuando los enfrentamientos entre Vologeses VI y Artabano IV se reanudaron de nuevo, circunstancia que no permitió a ninguno de ellos preocuparse por la dirección de los acontecimientos que se estaban desarrollando en la provincia de Pérside, el territorio donde estaban asentados los persas desde su llegada al Oriente Próximo a inicios del primer milenio antes de Cristo.

Allí Pabag, el sacerdote del templo del fuego de la diosa Anahita de la ciudad de Istakhr, se había hecho con el poder político al destituir al soberano local. El hijo de Pabag,

Ardashir, inició en breve no tan solo la conquista de los territorios persas sino también la de las regiones vecinas.

Ardashir acabó rebelándose contra el poder arsácida en el año 220, ayudado por otros príncipes y nobles partos, lo que llevó a enfrentarle a Artabano IV, al que venció en varias ocasiones, la última de ellas en la llanura de Hormizdagan, en el año 224 o 226, lugar que aún no se ha identificado correctamente, aunque recientemente se ha situado en las cercanías de la ciudad de Isfahan, en la provincia iraní del mismo nombre, donde, según las fuentes árabes el propio Ardashir acabó con la vida de Artabano.

Gracias al estudio de las monedas partas sabemos que seguramente Vologeses VI sobrevivió a su hermano, ya que se poseen monedas atribuidas a este soberano acuñadas en el año 229, fecha de la completa e indiscutible victoria de Ardashir.

El definitivo triunfo de este monarca representaba el final de una dinastía, la arsácida, que había gobernado el Próximo y Medio Oriente durante casi 500 años y que dejaba paso a una nueva monarquía propiamente persa, la de los sasánidas, que se apropiaría de los territorios dominados por los partos y que no sólo recogería el relevo de la lucha contra el poderío militar de Roma, sino que se enfrentaría, tras la caída del Imperio romano de Occidente en el año 476, a la amenaza constituida por su heredero político en Oriente, el Imperio bizantino.

ORGANIZACIÓN Y ADMINISTRACIÓN DEL REINO ARSÁCIDA. SOCIEDAD, RELIGIÓN, Y ECONOMÍA PARTAS

Los monarcas arsácidas se consideraron los herederos tanto del legado persa aqueménida como de la tradición política y cultural seléucida, hecho que queda patente en el estudio de sus monedas, en las cuales aunque utilizaron imágenes y símbolos de claro origen iranio, emplearon, por el contrario, el griego para inscribir sus leyendas.

Así, pues, hasta mediados del siglo I d. C., o lo que es lo mismo, hasta el reinado de Vologeses I (51-76/80 d. C.), las monedas arsácidas sólo mostraron epítetos griegos para hacer referencia a la titulatura regia parta. Otra de las curiosidades de estas monedas es que en ellas no apareció el nombre personal de los monarcas partos hasta el reinado de Artabano III (79-81 d. C.). Anteriormente a este rey, se utilizaba la designación real de Arsaces para referirse a los soberanos que las acuñaban, práctica que aunque permitía rendir cumplido homenaje al fundador de la dinastía ha dificultado sobremanera el posterior estudio de las monedas partas.

Como en el caso de sus antecesores los aqueménidas, sólo los miembros varones de una familia parta, la de los arsácidas, podían aspirar a conseguir la corona. Si bien este monopolio monárquico podía augurar una sucesión más o menos tranquila en el trono, la poligamia practicada por los soberanos partos no favoreció nada más que el incremento del número de herederos con pretensiones regias, hecho que aseguró, en la mayoría de las ocasiones, los conflictos dinásticos.

Pese a que la primogenitura era un elemento importante a tener en cuenta en la sucesión al trono parto, el hecho de descender de una madre perteneciente a la propia familia arsácida potenciaba la elegibilidad del pretendiente. Por otra parte, pese a que en esta época fueron aceptados los matrimonios entre miembros de la misma familia, parece que las uniones incestuosas entre hermanos o entre madres e hijos no estaban demasiado bien vistas.

Aunque la monarquía arsácida era de carácter hereditario, la sucesión de los reyes y, sobre todo, el

Escultura de un príncipe
arsácida hallada en Shami,
en el Juzestán iraní,
y datada en el siglo I a. C.
La figura muestra la típica
vestidura de origen parto,
que constaba de una chaqueta
cruzada con cinturón.
Museo Arqueológico
de Teherán.

mantenimiento de la corona en su poder, dependió cada
vez más de la aceptación de su autoridad por parte de
la nobleza parta, que poseía una gran independencia
política y económica. Los nuevos soberanos partos
debían ser confirmados por un concilio o *synhedrion*
que estaba formado por familiares y personas cercanas
al monarca (*syngeneis*), hombres sabios (*sophoi*) y
magos o sacerdotes (*magoi*).

La importancia y el poder que adquirió la nobleza
parta con el paso de los años le permitió intervenir
en la designación de los monarcas arsácidas e imponer, en muchas ocasiones, su voluntad sobre ellos. Fue
algo habitual en la historia parta, sobre todo durante
el reinado de monarcas débiles o poco considerados
con los intereses de la nobleza o de determinados grupos de ella, que las facciones nobiliarias partas se
dedicaran a hacer y deshacer reyes, hecho que pro-

vocó una gran inestabilidad política interna y una más que evidente debilidad militar, que sería caprichosamente aprovechada no sólo por los diversos pretendientes de la familia real arsácida, sino también por los enemigos externos como Roma, que vio en las luchas fratricidas de sus vecinos ocasiones inmejorables no sólo para ampliar su autoridad en Oriente, sino también para llevar a cabo campañas de conquista del territorio parto.

Esta debilidad política interna sería la causante no sólo de la derrota parta ante el empuje romano, sino también de la caída de la dinastía arsácida ante la acometida final de sus rivales, los persas sasánidas en la primera mitad del siglo III d. C.

Las familias aristocráticas partas se distinguían por su poder y su riqueza, ya que poseían grandes propiedades a lo largo y ancho de todo el imperio. Entre ellas destacaban la familia de los Surena, que además de ostentar el privilegio de coronar a los nuevos monarcas arsácidas, poseía amplias propiedades en la región de Sistán; la de los Karin, con importantes dominios en Nihavand, en Media; o la de los Gev.

La corte parta estaba compuesta por miembros de la dinastía arsácida y representantes de las familias de la nobleza y de las aristocracias locales, entre los que existía un orden jerárquico establecido del que conocemos más bien poco. Además de sus funciones como consejeros del rey, entre las obligaciones de los miembros de la corte destacaban la presencia durante la investidura de los nuevos soberanos, la participación en los rituales celebrados tras la muerte de un monarca o de alguno de los miembros de la familia real y la participación en las celebraciones oficiales y en los banquetes y cacerías reales, actividades que ya desde la época aqueménida se consideraban de carácter regio.

Hemos de pensar, además, que el principal contingente militar parto era el formado por la poderosa caballería de lanceros acorazados o catafractos, que estaba constituida, en gran medida, por los representantes de la aristocracia parta, por lo que a cambio de su costoso y exitoso servicio reclamaban al rey arsácida una mayor independencia política en los territorios sobre los que dominaban.

Por lo que respecta a los territorios que constituían el Imperio parto, sabemos que estaban divididos, según Plinio el Viejo, escritor romano del siglo I d. C., en dieciocho reinos, entre los que se hallaban los superiores, designación únicamente geográfica que incluía los dominios de Partia, Hircania, Margiana, Aria, Jorasmia, Media Atropatene, Armenia, Hatra, Adiabene, Osroene y Sittacene; y los inferiores, como Babilonia, Caracene, Garmikán, Persia, Elimaida, Kermán y Sistán.

Hemos de buscar el origen de la organización del reino de los partos en la vertebración política y administrativa del Imperio de los seléucidas, del cual aquel no fue más que una continuación. Hemos de tener presente que cuando los parnos se asentaron en territorio parto hacia el año 247 a. C., el Imperio aqueménida había dejado de existir, mientras que la única autoridad suprema en la zona era la de los seléucidas.

Estos, por su parte, habían heredado el sistema de organización satrapal de los aqueménidas, basado en la existencia de provincias que pagaban impuestos y proveían contingentes militares a la autoridad central seléucida. El paso del tiempo llevó, no obstante, a que diversos territorios bajo dominio macedonio aspirasen a conseguir un mayor grado de independencia política, como fue el caso, por ejemplo, de los reinos del Ponto o Capadocia en Asia Menor; o de Armenia y de las provincias de Bactria y Partia, intentos a los cuales las autoridades seléucidas no pudieron hacer frente, estableciéndose finalmente, y como hemos visto en el caso de estos últimos, una relación de dependencia entre los nuevos reinos y los reyes sirios, en la cual los primeros alcanzaban una mayor libertad política mientras que los segundos aseguraban su reconocimiento.

Fue esta organización política la que acabaría heredando el Imperio parto, en la cual el monarca arsácida mantenía una autoridad superior sobre el resto de reinos vasallos o clientes, que reconocían de esta forma su sometimiento.

Estos últimos no estaban ya gobernados por familiares cercanos miembros de la dinastía arsácida, como era el caso de los sátrapas en época aqueménida, sino que eran más bien gobernantes locales que, gracias a la nueva relación establecida con el rey de reyes parto, disponían de ayuda militar en la defensa de sus fronteras, en aquellos casos en los cuales estas eran externas, y formaban parte de una gran red de intercambios comerciales que beneficiaba tanto a los reyes vasallos como a los propios soberanos partos.

Sin embargo, esta independencia política podía resultar fatal en el caso de las luchas dinásticas internas partas y en el caso de invasiones o enfrentamientos externos como el romano, pues estos reyes podían no sólo volverse en contra de la autoridad central arsácida, sino también pasarse al enemigo, dependiendo, claro está, de sus propios intereses.

Al lado de estos reinos semiindependientes, existían también satrapías o territorios controlados más directamente por el monarca parto, como era el caso de Mesopotamia, y que estaban gobernados por sátrapas o *strategoi*.

En relación con la organización social parta, de la que tenemos de muy poca información, podemos dividirla en tres grandes grupos: la aristocracia, los hombres libres y los siervos.

Se ha defendido que tras la invasión de los pueblos parnos a mediados del siglo III a. C. se produjo, en el territorio ocupado por ellos, una fusión entre la población indígena y los recién llegados. En este proceso de asentamiento los cabecillas parnos o bien expulsarían a las clases superiores autóctonas o bien se unirían a ellas, creándose así un nuevo grupo dirigente aristocrático, el propiamente parto, conocido con el nombre de *liberi*. Entre la población parna recién arribada también existirían diferencias sociales, como nos indica la distinción hecha en ella por el historiador Amiano Marcelino entre aristocracia y gente común, sirviendo los miembros de este último grupo en el ejército parto como arqueros a caballo.

Así, pues, en el interior de la nueva clase aristocrática parta, que se expandió por todo el territorio iranio a partir del siglo II a. C., se hallaban los representantes de la familia real arsácida y de los clanes nobiliarios, a los que se unieron los miembros de las élites locales que fueron siendo sometidos con el avance del dominio parto. Todos ellos ejercerían cargos militares, en la corte o en la administración.

De entre este grupo nobiliario destacaban, sin duda alguna, los «amigos del rey», camarilla que estaba compuesta por un número reducido de aristócratas que disfrutaban de un contacto más próximo y regular con el monarca. Asimismo, la jerarquía entre la nobleza se manifestaba a través del otorgamiento de privilegios que eran fácilmente reconocibles tanto a través de la utilización de tipos de ropa, colores o diseños específicos, como por el uso de armas o joyas que mostraban el estatus de la persona que los poseía.

Los otros grupos sociales estarían subordinados, en un grado u otro, a la nobleza parta. Hallamos entre ellos a los *pelatai*, la población campesina nativa sometida por los invasores partos que adoptarían un estatus de dependencia en relación con las familias aristocráticas y que estaban obligados al pago de ciertos tributos o a la realización de determinados servicios, además de servir en el ejército como arqueros a caballo. También encontramos a los *douloi*, que serían grupos de población que ostentaban una posición social todavía más dependiente y que estarían, seguramente, adscritos a la tierra. Del mismo modo, existían esclavos en época parta, de los que sabemos que eran utilizados en el trabajo en las minas, en la agricultura, en la construcción y en la artesanía.

En el interior del territorio bajo dominio parto vivían, además, poblaciones de diferente origen, de las cuales las que conocemos mejor son la griega y la judía. La expansión parta no acabó con la población griega establecida en Asia, sino que, muy al contrario, esta permaneció en territorio arsácida habitando ciudades como Babilonia, Seleucia del Tigris o Susa, y mantuvo parte de sus tradiciones tanto ciudadanas como políticas y culturales. De la población judía sabemos que estaba situada mayoritariamente en la zona de Mesopotamia y que mantenía intensos contactos con los reyes de la dinastía arsácida.

Aunque los partos practicaron tanto la agricultura como la ganadería, actividades bien asentadas ya en sus dominios, la prosperidad de su imperio se basó, en gran medida, en la existencia de un comercio a gran escala que atravesaba su territorio y que unía el occidente griego y más tarde romano con el Extremo Oriente indio y chino.

El inicio de este fructífero comercio internacional se originó, como ya sabemos, en el siglo II a.C, durante el reinado del monarca Mitrídates II, y se basaba en el intercambio de productos como la seda, una de las mercancías de lujo más solicitadas tanto por partos como por romanos; perlas, que se utilizaban como joyas o como elementos decorativos en las vestiduras usadas por la nobleza arsácida. También pieles, oro, metales y piedras preciosas, marfil, textiles como el lino, especias o perfumes. En China, por su parte, existía una gran demanda de caballos parto-nisenos de Fergana, región dividida en la actualidad entre los países de Uzbekistán, Kirguistán y Tayikistán; frutas como los albaricoques, melocotones, dátiles o las granadas, conocidas esta últimas en China como las frutas partas, vino, lucernas o el *storax*, un bálsamo producido a partir de la resina de *Styrax officinalis*, un árbol que crecía en la región del Levante mediterráneo. Este comercio se realizaba a través de caravanas comerciales que podían llegar a incluir hasta 1.000 camellos que transportaban, cada uno de ellos, entre 180 y 225 kg de mercancía.

El itinerario principal de la Ruta de la Seda tenía su origen en la ciudad china de Changan, actual Xi'an, y avanzaba hacia Occidente a través de las ciudades de Dunhuang, Kuca o Kasghar, tras lo que se introducía en territorio kushano para llegar a la ciudades de Bujara y Samarcanda. De allí se dirigía a territorio parto donde siguiendo una ruta norte, atravesaba las localidades de Merv, Hecatómpilos y Ecbatana para llegar a las capitales partas de Seleucia del Tigris y Ctesifonte, y desde allí a la ciudad de Charax, en la costa del golfo Pérsico. Desde este puerto las mercancías se dirigían río arriba hacia Dura Europos y Palmira, para llegar finalmente a las ciudades de Antioquía, Petra o Damasco. También existía una importante ruta comercial marítima que unía el golfo Pérsico con el océano Índico a través de la isla de Bahréin y Omán.

En el este y en el Asia central otros territorios como el indio, el kushano y el sogdiano también se aprovechaban de esta ruta comercial internacional. Algunos de los productos indios que más se valoraban eran las piedras preciosas, los perfumes, el opio, los esclavos eunucos y las especias. En este comercio los sirios fueron muy activos, siendo la ciudad de Palmira el principal centro mediterráneo dedicado al comercio con Oriente durante el siglo II d. C.

El propio soberano parto protegía bajo su autoridad la seguridad de las rutas comerciales, por lo que construyó fortalezas para proteger a las caravanas con el objetivo de incentivar este comercio, muy importante dentro de la economía parta. Por eso los soberanos arsácidas intentaron monopolizar el comercio internacional que transcurría a lo largo de su territorio para evitar el trato directo entre China y Roma, que hubiera perjudicado profundamente la economía de su reino.

En lo que respecta a la religión, los partos eran un pueblo politeísta y poseían un panteón de origen iranio similar, por tanto, al de los persas aqueménidas que contenía una multiplicidad de divinidades. Predominaba, además, entre ellos y como norma general en el mundo antiguo, una amplia tolerancia y respeto a las divinidades de las diferentes ciudades, pueblos y reinos que integraban sus dominios. Así, entre los cultos conocidos en el interior del Imperio de los arsácidas podemos destacar los de Marduk, Ishtar y Nanai en Babilonia, el dios solar Shamash en la ciudad caravanera de Hatra o la religión judía.

Aunque los reyes arsácidas eran politeístas, profesaban una especial devoción por el zoroastrismo en alguna de sus formas, o lo que es lo mismo, eran seguidores del culto que consideraba al dios Ahura Mazda como la divinidad suprema.

En el ámbito religioso hemos de hablar también de la persistencia de los magos, que eran los sacerdotes que dirigían y conservaban los rituales de la religión irania y custodiaban los altares dedicados al fuego.

Sabemos también que el ritual funerario entre los partos consistía en la exposición de los cuerpos de los difuntos para dejar que los animales los descarnaran, tras lo cual tan solo se sepultaban los huesos. Los reyes arsácidas no eran enterrados de esta forma, sino que sus cadáveres eran embalsamados y depositados en mausoleos, prácticas ambas propias de la religión zoroástrica, que disponía que la tierra tenía que protegerse del contacto con las impurezas de la carne.

Por otra parte, los reyes partos poseían diversas capitales como antes las habían tenido sus predecesores, los persas aqueménidas, de las cuales las más importantes fueron Nisa y Ctesifonte.

Assak, ciudad localizada en el territorio de Astauene, en el norte de Partia, fue la primera de las capitales arsácidas. Poco más sabemos de esta ciudad, aunque parece ser que más que ser un gran centro de habitación amurallado, como lo serían otras futuras capitales, Assak conservó siempre el prestigio de ser el lugar de coronación del primer rey arsácida.

Nisa, situada cerca del actual pueblo de Bagir, en el sur de la provincia de Ahal, en Turkmenistán, fue una de las primeras ciudades conquistadas por los partos, y resultó escogida, según Isidoro de Charax, historiador griego del siglo I d. C., como necrópolis donde fueron sepultados los cuerpos de los reyes arsácidas, aunque en la actualidad no se ha localizado en ella ninguna estructura funeraria de este tipo, por lo que se la considera más un centro religioso parto que una fortaleza o un mausoleo real.

Fue, asimismo, en Nisa donde el rey Mitrídates I construyó la fortaleza de Mitridatocerta, que contaba con un área de 14 hectáreas y unas murallas de entre 5 y 6 metros de amplitud, construidas con ladrillos de barro sin cocer, que estaban protegidas, además, con 5 grandes torres y 43 baluartes menores.

Fue en el interior de uno de los edificios ubicados en la zona norte de la fortaleza donde se descubrió una colección de 60 ritones o cuernos de marfil utilizados como cuencos para la bebida, decorados con motivos y figuras de origen griego y oriental, un ejemplo de la diversidad cultural que existía en el interior del reino parto.

Además, en la ciudad de Nisa se han descubierto centenares de *ostraca*, documentos escritos sobre trozos de cerámica que nos proporcionan una

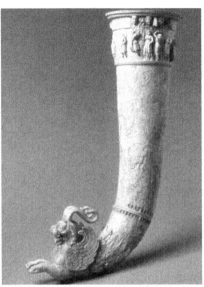

Ritón de marfil descubierto en la ciudad de Nisa. Estos elementos, aunque poseen una clara tipología irania, muestran en su decoración escenas y figuras de carácter griego, lo que muestra la importancia de ambas tradiciones durante el período arsácida.

valiosísima información sobre la economía y la historia del lugar.

Otra de las capitales del Imperio parto fue Hecatómpilos, actual Sahr-e Qumis, ubicada cerca de la ciudad de Damghan, en la provincia de Semnán, en la zona noroccidental de Irán. Su nombre proviene, según la tradición, de la creencia en que la ciudad poseía 100 puertas, ya que según Polibio, historiador griego del siglo II a. C., Hecatómpilos era el lugar de encuentro de todos los caminos que llevaban a los distritos cercanos. Aun así, el centenar de puertas al que hace alusión su nombre no sería más que una referencia a la magnitud de la ciudad y a su posesión de un número de accesos más elevado de lo habitual.

Con el avance de las conquistas partas sobre Media y Mesopotamia, las ciudades de Ecbatana, Babilonia, Seleucia del Tigris y Ctesifonte se convirtieron también en capitales arsácidas. Sería, sin embargo, a esta última a donde se transferiría la principal capitalidad arsácida, un emplazamiento situado a 35 km al sur de la actual ciudad de Bagdad, elegida debido a la fertilidad de su territorio y al hecho de estar ubicada cerca de uno de los pasos del río Tigris, lo que la convertiría, con el tiempo, en una de las etapas indispensables de las rutas caravaneras. De esta forma, desde el reinado de Mitrídates I hasta la caída de la dinastía parta en el año 224, Ctesifonte fue la residencia de invierno de los reyes arsácidas.

Debido a un cambio del curso del río Tigris, el emplazamiento de la antigua Ctesifonte está parcialmente sepultado bajo sus aguas, por lo que conocemos básicamente la capital arsácida a partir de las obras de los historiadores griegos y romanos. Ctesifonte fue fundada en un primer momento, según Estrabón, como campamento para los soldados partos, ya que los reyes arsácidas no consideraron oportuno instalar sus tropas en la cercana ciudad griega de Seleucia del Tigris. Amiano Marcelino nos informa de que la metrópolis fue ampliada hacia el año 39 a. C. por Pacoro I, el mismo rey que construyó las murallas de la ciudad. También sabemos que durante el reinado de Vologeses I se llevó a cabo una importante ampliación de la ciudad, que recibió el nombre de Vologesocerta, que no sólo se construyó para disminuir el poderío de la vecina Seleucia, sino también para poner remedio a la obstrucción del puerto de esta ciudad, provocado por la acumulación de los sedimentos aportados por el río Tigris, que había reducido en no poco su capacidad comercial, parte de la cual sería trasladada al nuevo emplazamiento. Era, asimismo, en Ctesifonte donde se coronaba a los monarcas partos.

Más tarde, durante el conflicto que enfrentó a Roma y Partia a partir del mediados del siglo I a. C., Ctesifonte fue, como ya sabemos, tomada hasta en tres ocasiones por las fuerzas romanas, primero durante las campañas de Trajano en el año 116; una segunda vez por el general Avidio Casio, en el año 165, y en una última ocasión durante el reinado de Septimio Severo, en el año 198, siendo parte de su población apresada y llevada cautiva a territorio romano.

La historia de la Ctesifonte arsácida acabó con la derrota de los reyes Vologeses VI y Artabano IV por el persa Ardashir, aunque la ciudad se mantuvo como capital de sus sucesores los sasánidas, hasta su toma por las tropas musulmanas en el año 637.

7

Los persas sasánidas.
Los reyes descendientes
de los dioses

LA ASCENSIÓN DE LOS SASÁNIDAS

La nueva llegada al poder de nuevo de los persas, en este caso los sasánidas, trajo consigo grandes cambios en la zona del Oriente antiguo. Si bien hemos sido testigos, en el capítulo anterior, de la caída de la dinastía arsácida en la batalla del año 224 en las llanuras de Hormizdagan, ahora centraremos un poco más nuestra atención en los hechos que llevaron al surgimiento y la consolidación del poder sasánida primero en la Pérside y más tarde en todo el territorio iranio.

Poco es lo que sabemos de la historia de la provincia de Persis en época arsácida aparte de las monedas acuñadas por los dinastas locales o *frataraka* que gobernaban este territorio de forma semiautónoma, manteniéndose fieles a sus tradiciones y cultura propias. No sería hasta principios del siglo III d. C. cuando un miembro de la nobleza persa se decidió a rebelarse contra la autoridad de los soberanos arsácidas, que había sufrido un proceso de debilitamiento político y militar a lo largo de la centuria anterior.

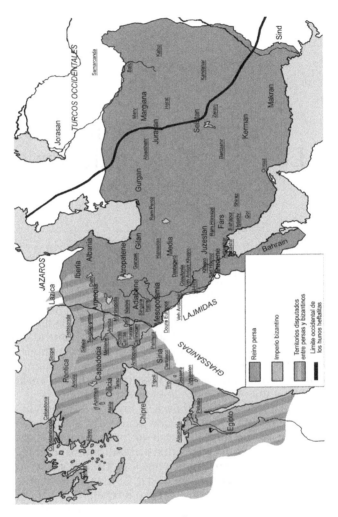

El Imperio sasánida (ss. VI-VII).

Como vimos en páginas vecinas, Pabag, el sacerdote del templo de la diosa Anahita de la ciudad de Istakhr, se hizo con el poder allí en el año 205 ó 206. Pabag sometió gran parte del territorio de la Pérside y nombró a su hijo Sapor heredero de sus recién creados dominios. Sin embargo, Sapor no estaba destinado a suceder a su padre, ya que murió poco tiempo después en extrañas circunstancias. El posterior fallecimiento, en el año 216, del propio Pabag permitió el ascenso al trono persa de otro de sus hijos, llamado Ardashir I (224-239/240), que sería el rey que llevaría de nuevo a los persas a dominar el territorio iranio.

Parece ser que Ardashir no era hijo carnal de Pabag, sino que su padre era un tal Sasán, el ancestro que daría nombre a la dinastía sasánida. Debido a que Sasán había muerto poco después del nacimiento de Ardashir, su hijo fue adoptado por Pabag. Sea como fuere, Ardashir se hizo finalmente con el poder en la Pérside e inició toda una serie de campañas militares que le llevaron a extender su poder por todo el Próximo y Medio Oriente.

Sus primeras campañas le permitieron conquistar los territorios más cercanos a sus heredados dominios, que no eran otros que la región de Kermán, en el este, y la zona del Juzestán, en el oeste. El avance persa alertó, ahora sí, al rey arsácida Artabano IV, que intentó derrotar al rebelde. En este enfrentamiento, Ardashir obtuvo el apoyo de otros gobernantes partos disgustados con el desacreditado y debilitado poder del monarca arsácida, entre los que se hallaban el soberano de Adiabene y los de las regiones de Media, Atropatene y el actual Kurdistán.

De esta forma, Ardashir I consiguió vencer a los dos monarcas que se dividían por entonces el territorio arsácida, primero a Artabano IV, en el año 224, tras cuya derrota adoptó el título de rey de reyes, y más tarde, en el año 229, a su hermano Vologeses VI. Una vez eliminados los últimos reyes arsácidas, Ardashir se dedicó a consolidar su recién adquirido poder.

Pronto el monarca sasánida se hizo con el control de las regiones de Mesopotamia y Caracene, reino este último que había mantenido su independencia desde los tiempos de Mitrídates II, con lo que reunía bajo su poder el Irán occidental. La sumisión del Irán oriental no se haría esperar. A partir del año 227 Ardashir consiguió dominar también los territorios de Makrán, Sistán, Gurgan, Balkh, Margiana y la ciudad de Merv, llegando su poder a alcanzar hasta el río Indo. Los kushanos, situados al este de la frontera persa, llegaron incluso a reconocer la supremacía sasánida, aunque mantuvieron algún tipo de independencia.

Para controlar más firmemente los amplios territorios conquistados, Ardashir instaló en diversos de ellos a soberanos vasallos escogidos entre los miembros de su propia familia, al mismo tiempo que instalaba a gobernadores y oficiales persas a lo largo y ancho de su imperio. Además, Ardashir logró someter a las grandes familias aristocráticas partas entre las que destacaban, como ya sabemos, las de los Karin y los Surena.

Sería, sin embargo, de nuevo en Occidente donde Ardashir I hallaría a uno de sus más poderosos rivales, que no era otro que el Imperio romano, al que habíamos abandonado tras la fallida campaña en Oriente del emperador Caracalla.

El enfrentamiento entre persas y romanos se inició bien pronto, en el mismo siglo III, período en el cual Roma iba a conocer una de las etapas más agitadas y trágicas de su historia, en la que la debilidad del poder imperial y la desmembración política de los territorios bajo su autoridad situarían al estado romano al borde de su propia extinción, aunque aún supusiera un poder a tener muy en cuenta en Mesopotamia, Siria y Asia Menor.

Moneda en la que aparecen representados los monarcas sasánidas Ardashir I y Sapor I que serían los encargados de restablecer la supremacía persa en el Próximo y Medio Oriente.

Fue el propio Ardashir el que inició las hostilidades, en el año 230, con el asedio de la ciudad de Nisibis (actual Nusaybin, en el sureste de Turquía), y la invasión del territorio romano. Según Dión Casio y Herodiano (historiador griego de los siglo II y III) el objetivo del rey sasánida era recuperar todo el territorio que habían poseído sus predecesores los aqueménidas «tal y como había sido en el pasado».

En esos momentos gobernaba en Roma Alejandro Severo (222-235), emperador que intentó, sin éxito, llegar a un acuerdo de paz con Ardashir. Al no ser esto posible, Severo se dirigió, en el año 232, al frente de su ejército, hacia tierras de Oriente. Las tropas romanas se dividieron en tres columnas que atacaron por el norte, el sur y a través de la propia Mesopotamia con el objetivo de tomar Ctesifonte. La estrategia militar de Severo le proporcionó algunos éxitos iniciales, aunque el resultado de la batalla entre persas y romanos cerca de la capital sasánida parece que no otorgó la victoria a ninguno de los dos bandos. Aun así, las grandes bajas en el ejército persa obligaron a Ardashir I a evacuar territorio romano, lo que fue considerado desde Roma como una victoria.

El asesinato de Alejandro Severo en Germania en el año 235 y la subsiguiente crisis política iniciada en Roma, que se prolongaría durante 50 años, impulsó a Ardashir a iniciar una nueva campaña en Mesopotamia que le llevó, esta vez sí, a conquistar los enclaves fronterizos de Dura Europos, Carras, Nisibis e incluso la ciudad de Hatra. El rey sasánida también extendió sus dominios por la costa occidental del golfo Pérsico y la región de Bahréin, con la voluntad de controlar estas zonas estratégicas en el comercio con la India.

En el año 242 murió Ardashir I, dejando establecidas las bases del renovado poder persa. Le sucedió por su hijo Sapor I (240-270/2) que ya gobernaba junto a su padre desde hacia varios años.

El creciente poderío sasánida obligó al joven emperador Gordiano III (238-244) a reunir, en la primavera del año 243, un poderoso ejército con el que se dirigió desde Antioquía hacia Mesopotamia, región donde recuperó las ciudades de Nisibis y Carras y venció a un ejército persa cerca de Resaina, en la actual Siria, victoria que le permitió proseguir su avance hacia territorio persa. Parece ser que por aquel entonces Sapor I estaba ocupado en la conquista de las regiones de Jorasmia, en Asia Central, y de Gilán, en la costa sur del mar Caspio. Aun así, el rey persa no menospreció la amenaza romana y rápidamente se dirigió con su ejército hacia el encuentro de Gordiano, al que se enfrentó en el año 244 en Massice (la actual Al-Anbar, en Iraq).

Existen varias versiones sobre el resultado de este enfrentamiento, aunque todas acaban con la muerte del emperador Gordiano, unas tras la victoria de este y su posterior asesinato a manos de Filipo, prefecto del pretorio y conocido más tarde como *el árabe*, y otras que aseguran que Gordiano fue derrotado en el campo de batalla por Sapor, y allí el emperador romano perdió la vida.

Tras la batalla de Massice, Filipo el árabe (244-249) fue nombrado emperador en una situación fuertemente comprometida, ya que las fuerzas romanas habían perdido a su comandante en jefe, estaban lejos de territorio romano y se hallaban faltos de suministros.

Esta coyuntura forzó a Filipo a firmar un nuevo tratado con Sapor que le obligaba a entregar la suma de 500.000 denarios de oro y a realizar un pago anual a los persas por el mantenimiento de las fortalezas armenias en la zona del Cáucaso, hecho que permitió a las tropas romanas la evacuación del territorio mesopotámico.

Después de su indiscutible victoria sobre Roma, Sapor se dedicó a consolidar su autoridad en Irán, dirigiendo campañas militares en el noreste de su imperio, donde sometió los últimos focos rebeldes al poder sasánida y fundó la ciudad de Nevshapur, la actual Nishapur, en la región del Jorasán.

Como no podía ser de otra forma, Armenia, y con ella la estratégica región del Cáucaso, continuó siendo durante todo el período sasánida una de las mayores fuentes de conflictos entre persas y romanos. Hemos de tener en cuenta, además, el hecho de que en el trono armenio seguía reinando aún una rama colateral de la dinastía arsácida, que gobernaba allí desde la coronación de Tirídates por Nerón en el año 63, circunstancia que apremiaba a los monarcas sasánidas a acabar con una situación que amenazaba su poder en esta región fronteriza entre Roma y Persia.

Relieve ordenado por el rey Sapor I cerca de Bishapur.
En él, el monarca sasánida quiso dejar constancia
de su arrollador éxito ante los emperadores romanos.
Gordiano III aparece abatido bajo el avance de su caballo,
Filipo el Árabe se muestra arrodillado solicitando
clemencia y Valeriano aparece cogido de la mano
del gran rey, signo de sumisión.

El primer conflicto en la zona se produjo en el
año 252 cuando el rey armenio Cosroes fue asesinado por instigación del propio Sapor, que convirtió
Armenia en provincia sasánida bajo el gobierno de
su propio hijo Hormizd-Ardashir. La huida del
príncipe Tirídates, hijo de Cosroes, hacia territorio
romano fue interpretada por Sapor como un incum-
plimiento del tratado firmado con Filipo, por lo que
de nuevo se iniciaron las hostilidades entre ambos
estados.

Sapor venció, en el mismo año 252, a un ejército
romano en Barbalissos, en la ribera norte del río Éufrates, donde aniquiló, según sus propias palabras, a
60.000 soldados enemigos, tras lo cual saqueó la provincia de Siria y destruyó la ciudad de Antioquía
además de tomar Hierápolis (actual Manbij, en Siria)
y Dura-Europos.

La reacción romana vino de la mano del emperador Valeriano (253-260), que reunió un nuevo ejército de 70.000 hombres. Una vez recuperada la estratégica ciudad de Antioquía se dirigió hacia Mesopotamia, donde halló a Sapor asediando la ciudad de Edesa, cerca de la cual se enfrentaron ambos ejércitos. La victoria fue de nuevo para las tropas sasánidas que tomaron gran número de prisioneros, incluidos senadores, oficiales y el mismísimo emperador Valeriano, un hecho insólito en la historia de Roma y una de las mayores humillaciones militares en la historia del imperio.

Las campañas de Sapor I también permitieron al gran rey hacer prisioneros a un gran número de los habitantes del territorio romano, a los que estableció en diversas regiones de su imperio, como fue el caso de la nueva ciudad creada por el monarca sasánida en el Juzestán, llamada Veh Antiok Shapur, en persa 'Mejor que Antioquía Sapor ha construido esta', la corrupción de cuyo nombre la llevó a conocerse como Gundeshapur. Entre los cautivos se hallaban ingenieros, trabajadores cualificados, profesores o artistas, de los que hallamos rastro en diversas obras llevadas a cabo en este período en territorio persa, como fue la construcción de presas y puentes o los propios mosaicos elaborados en Bishapur, que muestran a miembros de la nobleza sasánida y que fueron realizados al más puro estilo romano. Entre estos cautivos que ayudaron a revitalizar las ciudades, la industria y la agricultura persa también se encontraban gran número de cristianos.

Fue en este momento de completo desorden y desconcierto en el oriente romano cuando el rey Odenato de Palmira se erigió como defensor de los intereses imperiales en la zona. Como ya sabemos, Palmira era una importante ciudad caravanera siria, cuya importancia en el comercio de la Ruta de la Seda había incrementado durante los siglos II y III. Esta situación de bonanza permitió a Odenato iniciar una ofensiva contra los diversos grupos armados sasánidas dispersos por territorio romano y ocupados en el saqueo que le permitió recuperar, seguramente, las ciudades de Carras y Nisibis y proteger los intereses romanos a lo largo de toda la zona, logros por los que sería más tarde recompensado.

Sapor I no aprovechó su colosal éxito militar para extender y consolidar sus dominios, sino que por el contrario parece que tan sólo se preocupó por la obtención de botín y de prisioneros. Sabemos, además, que después de su victoria sobre los romanos el monarca persa llevó a cabo cambios en la organización de su imperio que comportaron la instalación de varios de sus hijos como reyes de los diferentes territorios dominados por los sasánidas. Si ya Hormizd-Ardashir reinaba en la recién anexionada Armenia, Sapor fue nombrado rey de Caracene; Bahram, rey de Gilán, y Narsés, rey de los saces. Un despliegue familiar cuyo objetivo era asegurar la lealtad en el gobierno de los amplios dominios persas.

El resto del reinado de Sapor I fue bastante tranquilo, lo que permitió al monarca encargarse de algunos asuntos internos de su reino, como fueron su interés por el maniqueísmo o la construcción de la nueva ciudad de Bishapur, en la actual provincia de Fars.

Sapor I quiso dejar para la posteridad un recuerdo duradero de su próspero reinado, por lo que ordenó grabar, entre otras y no por coincidencia, una inscripción en el cementerio real de Naqsh-e Rostam, en uno de los edificios construidos allí por sus predecesores aqueménidas, frente al macizo rocoso que contenía las tumbas de los reyes persas, conocida comúnmente como la *Res Gestae Divi Sapori*. En ella nos informa tanto de sus orígenes familiares, sus convicciones religiosas, las regiones sobre las que gobernaba y sobre sus enfrentamientos contra los romanos. Como en el caso de la inscripción de Darío en Behistún, disponemos, así, de uno de los escasos ejemplos de fuentes históricas persas aunque, y de la misma forma que su predecesora, sea un testimonio parcial, fiel reflejo de la visión que la monarquía sasánida quería transmitir de sí misma a sus súbditos.

Fue también durante el reinado de Sapor I cuando se produjeron importantes transformaciones en el ámbito religioso sasánida. Es en esta época cuando se documenta el inicio de la organización de lo que se ha considerado una «iglesia» zoroástrica bajo la dirección del gran sacerdote o *mowbed* llamado Kerdir. El objetivo de estas reformas religiosas era unificar la práctica religiosa y la doctrina zoroástrica, que hasta entonces se caracterizaban por la diversidad de sus tradiciones y rituales, establecer un código de leyes, fijar una tradición avéstica firme y crear una única jerarquía religiosa zoroástrica.

Al mismo tiempo, durante el reinado de los primeros sasánidas, hizo su aparición en Irán el maniqueísmo, una nueva creencia religiosa dualista fundada por Mani, que compartía ideas y creencias con otras religiones como el zoroastrismo, el cristianismo y el budismo. La doctrina maniquea asimilaba el mal con la materia y el bien con el espíritu. La creación era considerada así, maligna, y no era otra cosa que el resultado del conflicto entre el reino de la luz y el reino de la oscuridad. El objetivo de los hombres era conseguir liberar el espíritu de la materia con el fin de entrar en el Reino de la luz. De esta forma, los preceptos maniqueos prohibían el consumo de carne, de huevos y de productos provenientes de los animales y profesaba, además, una especial antipatía hacia la sexualidad, ya que la reproducción era vista como una perpetuación de la maldad material.

El monarca que derrotó
a tres emperadores romanos

Pocos soberanos antiguos pueden vanagloriarse de haber vencido a los ejércitos romanos y sólo uno puede enorgullecerse de haberse impuesto a los designios de tres emperadores romanos. Este es el caso de Sapor I, que durante los poco más de treinta años de su reinado se enfrentó en repetidas ocasiones a la maquinaria militar romana.

Sapor venció a Gordiano III en Massice en el año 244, lugar donde, seguramente, murió el propio emperador; poco después, Filipo el Árabe le imploró la paz, en la cual Sapor, con la mano ganadora, impuso sus condiciones. La peor parte se la llevó, no obstante, el emperador Valeriano, el cual no sólo fue derrotado en el campo de batalla, sino que fue capturado por las tropas persas.

Sin embargo, según las fuentes antiguas, la derrota y posterior captura de Valeriano no fue, ni mucho menos, la peor humillación que tuvo que soportar el emperador romano.

Lactancio, autor latino que escribió durante los siglos III y IV, nos informa de que Sapor se hacía acompañar de Valeriano a cualquier lugar al que iba, para poder utilizar la espalda de este como pie de apoyo al montar en su caballo, recordándole de esta forma, a diario, la realidad de su penosa situación. Según parece, Valeriano, después de recibir largo tiempo este trato, ofreció a Sapor un alto precio por su puesta en libertad, cosa a la que el monarca persa se negó, obligándole, en vez de eso, a tragar oro fundido o, tal como quiere otra tradición, a ser desollado vivo. La infamia de Valeriano no acabó allí, sino que su piel fue secada y

La humillación del emperador Valeriano por Cosroes, rey de Persia, dibujo realizado en el siglo XVI en lápiz y tinta por Hans Holbein el Joven. La obra muestra al emperador romano humillado por el monarca sasánida, que lo utiliza como banco de apoyo para subir a su caballo. Museo de Arte de Basilea, Suiza.

expuesta en un templo persa como trofeo, para ser mostrada en el futuro a todos los emisarios romanos que visitaran Persia.

Como recuerdo de su triple victoria ante los *imperatores* romanos, Sapor mandó erigir un relieve en Bishapur, en el que hizo representar ante su avance victorioso a los tres emperadores vencidos, esto es, a Gordiano muerto bajo las patas de su caballo, a Filipo implorando la paz de rodillas ante él y a Valeriano capturado y cogido de la mano, en señal de sometimiento. Un recuerdo para la posteridad que, afortunadamente, ha llegado hasta nuestros días.

Durante los últimos años del reinado de Ardashir, Mani viajó a lo largo del territorio sasánida e incluso llegó a residir un tiempo en la India. Gobernando ya Sapor I, Mani regresó a Persia y obtuvo una audiencia ante el gran rey, durante la cual presentó su doctrina. La persona y las creencias de Mani impresionaron fuertemente a Sapor, que le permitió residir temporalmente en la corte y predicar su fe.

La tolerancia inicial mostrada por Sapor I hacia el maniqueísmo se ha interpretado de varias formas, ya fuera como un intento de este monarca de unificar su extenso territorio a través de unas doctrinas que podían ser aceptadas por las diferentes religiones que en él existían, ya que poseía elementos comunes a todas ellas, o bien con la finalidad de dar un mensaje de autoridad a la nueva jerarquía zoroástrica que se estaba constituyendo en aquellos momentos, dejando claro que aún era el gran rey el que decidía, en última instancia, también en los aspectos religiosos.

El dilatado reinado de Sapor I finalizó con su muerte en el año 270 o en el 272, por lo que le sucedió por su hijo Hormizd I (270/72-273). El nuevo monarca que era, seguramente, el hijo menor de Sapor, fue escogido para sucederle por su valía militar y la gran lealtad que había mostrado hacia su persona, por lo que pasó por delante de sus hermanos mayores, que quedaban de esta forma relegados del poder. De su breve reinado sabemos que Hormizd luchó contra los sogdianos, que se le consideró como un buen monarca y que fundó la ciudad de Ram-Hormizd en la región del Juzestán.

Tras su muerte, Hormizd I fue reemplazado por Bahram I (273-276), uno de sus hermanos mayores que había sido nombrado, como ya sabemos, rey de Gilán por su padre y confirmado en el poder allí por el propio Hormizd.

«NINGÚN PRÍNCIPE ROMANO LOGRARÁ IR MÁS ALLÁ DE CTESIFONTE»

Fueron muchos los generales y emperadores romanos, y más tarde bizantinos, que intentaron derrotar e incluso apoderarse del reino sasánida, el rival más poderoso al cual se enfrentó nunca el estado romano a lo largo de su historia. Aunque varios ejércitos dirigidos por Trajano, Vero, Septimio Severo, Caracalla, Caro, Juliano o Heraclio intentaron conquistar el Oriente iranio, ninguno de ellos fue capaz de sobrepasar los territorios cercanos a Ctesifonte, la capital persa. Así llego a difundirse, como narra la *Historia Augusta*, una profecía que, según el autor de la obra —una colección de biografías de los emperadores romanos escrita seguramente a finales del siglo IV—, auguraba que ningún príncipe romano lograría jamás ir más allá de Ctesifonte.

Esta profecía no dejó nunca de ser cierta. Ningún emperador romano consiguió jamás avanzar de forma decisiva más allá de las cercanías de Ctesifonte. Trajano, el más exitoso de aquellos que lo intentaron, logró conquistar por primera vez la ciudad, aunque el subsiguiente descalabro militar y su pronta muerte hicieron fracasar sus proyectos de conquista. Juliano llegó incluso a celebrar su aniversario a los pies de sus murallas, y el emperador Caro murió, según algunos, al ser fulminado por un rayo también a sus puertas. Tampoco Heraclio, el último emperador bizantino que se enfrentó a los persas, logró apoderarse de la ciudad durante el contraataque que llevó a cabo en el año 628 y que hirió de muerte al reino sasánida.

Parecía, pues, que después de todo y de alguna manera enigmática e indescifrable, estaba vedado al poder romano el dominio de los territorios más allá de su frontera establecida con el reino persa, por lo que la profecía llegada a nosotros a través de la *Historia Augusta* se convertiría, de alguna forma, en el símbolo del enfrentamiento entre Persia y Roma.

Durante su reinado se produjeron importantes cambios en el territorio bajo dominio romano. La muerte en el año 267 de Odenato de Palmira, el victorioso campeón pro romano, había llevado a Zenobia, su viuda, a hacerse con el poder en esa ciudad. La nueva reina llevó a cabo un fortalecimiento sin precedentes del dominio de Palmira en las regiones de Siria, Asia Menor y Egipto, llegando a alcanzar una práctica independencia política, en parte favorecida por la tur- bulenta etapa política por la que pasaba el Imperio romano. Este hecho, sin embargo, llamó la atención del emperador Aureliano (270-275), que en el año 272 derrotó al ejército palmirense, apresó a Zenobia y saqueó la ciudad. Una victoria que consolidaba de nuevo la presencia romana en Oriente y que no podía más que vaticinar futuros enfrentamientos con Persia.

Por otro lado, sabemos que durante el gobierno de Hormizd I y Bahram I, el gran sacerdote Kerdir prosiguió con su tarea de unificación y regulación de la religión zoroástrica, tarea que le permitió, al mismo tiempo, consolidar y fortalecer su posición en la corte sasánida e incluso dirigir desde la sombra las riendas del reino. Esta concentración del poder en sus manos resultaría perjudicial para la pervivencia del maniqueísmo en territorio persa. Mani fue llamado de nuevo a la corte en el año 276 con el pretexto de ser presentado al rey Barham, oportunidad que fue aprovechada, a instigación, sin duda alguna, del propio Kerdir, para denunciarlo, tras lo cual Mani fue arrestado, torturado y ejecutado.

La muerte de Mani no significó, sin embargo, el final de su doctrina, ya que sus discípulos prosiguieron con la expansión de sus creencias, actividad que los llevó hacia Occidente, donde el maniqueísmo se expandió por territorio romano, y a Asia Central, extendiéndose por la región de Sogdiana, especialmente en la ciudad de Samarcanda, donde consiguió atraer la atención de los habitantes turcos y chinos.

A Bahram I le sucedió su hijo Bahram II (276-293), durante cuyo reinado Kerdir siguió manteniendo su ascendencia sobre la política sasánida, lo que permitió al gran sacerdote iniciar una política de persecuciones contra diversas religiones, que no sólo incluyó a los maniqueos, sino también a cristianos, judíos, mandeístas y budistas.

La situación de debilidad de los reyes persas que habían ascendido al trono después de la muerte de Sapor I quedó, sin embargo, patente con la rebelión que se produjo en el año 283 de Hormizd, hermano del monarca, que gobernaba en aquellos momentos en la región de Sistán, revuelta a la que se sumaron kushanos y gilanitas y que no sería suprimida hasta años más tarde. Esta situación de debilidad interna fue aprovechada por el emperador romano Caro (282-283), que en el año 283 lanzó una nueva campaña militar contra Persia.

La rebelión de su hermano en el este no permitió al monarca persa hacer frente a la ofensiva romana. Así pues, Caro se dirigió hacia la ciudad de Ctesifonte, que fue capturada, un éxito que recordaba triunfos pasados. A pesar de ello Caro no pudo saborear demasiado tiempo su victoria, ya que según *la Historia Augusta*, el emperador murió durante el verano del mismo año tras ser alcanzado por un rayo, aunque es posible que su muerte se debiera o bien a una enfermedad o incluso a una intriga política. Sea como fuere, la muerte del emperador obligó a las tropas romanas a retirarse de territorio persa, dirigidas por Numeriano (283-284), hijo de Caro, que había sido proclamado emperador a la muerte de su padre.

La situación en la frontera entre Roma y Persia no se solventaría hasta el año 287, cuando se firmó un tratado de paz entre Bahram II y el nuevo emperador

Busto real del siglo IV asignado normalmente al monarca Sapor II. El soberano sasánida lleva pendientes ovoides y un collar al estilo persa.
La corona muestra una torre almenada decorada con una media luna sobre la que se sitúa una esfera estriada.

romano Diocleciano (284-305), que había sucedido a Numeriano en el año 284. El nuevo acuerdo comportó la restauración del príncipe Tirídates, expulsado de Armenia en el año 252 por Sapor I, en al menos una parte, la occidental, del territorio armenio, mientras que la parte oriental pasó a manos de Narsés, hijo de Sapor I y por tanto tío de Bahram II. Tras el establecimiento de este acuerdo, Diocleciano se dedicó a fortificar la frontera oriental de su imperio.

En el año 293 murió el rey Bahram II, que fue sucedido por su hijo Barham III, monarca que no reinó más de cuatro meses debido al alzamiento de Narsés, rey de la Armenia persa, que se rebeló contra su gobierno y lo destituyó, haciendo valer sus derechos al trono como hijo de Sapor I. Narsés (293-302) nos ha legado, afortunadamente, la versión escrita de su ascenso al trono grabada en una inscripción en Paikuli, en el norte de Mesopotamia, que nos indica que parte de la nobleza y de la corte le solicitaron que se apoderara del trono persa en manos de Bahram III, a causa de la perjudicial política que este rey estaba llevando a cabo en relación con ellos.

La llegada de Narsés al trono persa no tardó demasiado tiempo en provocar un cambio en la política sasánida. El nuevo monarca aprovechó la primera ocasión de que dispuso para reiniciar las hostilidades con Roma e invadió Armenia en el año 296, de donde volvió a expulsar al rey Tirídates III, tras lo cual se dirigió hacia territorio romano.

La ofensiva dirigida por Narsés obligó a Diocleciano a enviar al césar Galerio con un ejército a Oriente. El choque entre persas y romanos se produjo en el año 297 en la zona entre Callinicum y Carras, que se saldó con la victoria persa. Al año siguiente, Narsés y Galerio volvieron a medir sus fuerzas en combate cerca de la localidad de Satala (actual Sadak, en Turquía) esta vez en el territorio boscoso de Armenia, un escenario más adecuado para el ejército romano, que consiguió derrotar a las tropas persas.

La aplastante victoria romana obligó a Narsés a aceptar un nuevo tratado de paz que se firmó en Nisibis en el año 298 y que ponía punto y final al último enfrentamiento del siglo III entre persas y romanos. Las cláusulas de este nuevo acuerdo especificaban la entrega a Roma de territorios en Mesopotamia y el sur de Armenia, lugar donde debía retornar el rey Tirídates III, y la hegemonía romana sobre el territorio de la Iberia caucásica. Además establecía la ciudad de Nisibis como el único lugar donde se autorizaba el comercio entre ambos imperios, hecho que ayudaría a consolidar la tranquilidad en la frontera persoromana, que se mantendría durante 40 años, aunque perjudicaba ampliamente los intereses sasánidas en la zona.

En lo que respecta al estado persa sabemos que con la llegada de Narsés al trono se produjo una reorientación de la política religiosa sasánida, que llevó a la disminución del poder del gran sacerdote Kerdir y a la finalización de las persecuciones alentadas por este, lo que significó la tolerancia con respecto al maniqueísmo.

A Narsés le sucedió su hijo, Hormizd II (302-309), que gobernó el reino durante siete años y del que lo único que sabemos, según las fuentes árabes posteriores, es que fue un rey justo y popular.

EL SIGLO IV. EL REINADO DE SAPOR II (309-379)

Los acontecimientos que se sucedieron tras la muerte de Hormizd II en el año 309 son bastante oscuros. Aunque un hijo suyo llamado Adur-Narsés ascendió al trono persa, parece que reinó poco tiempo, ya que los sacerdotes zoroástricos y parte de la nobleza se decantó por uno de sus hermanos, llamado Sapor, en aquellos momentos todavía un chiquillo. El nuevo monarca, conocido como Sapor II el Grande (309-379), reinaría durante 70 años, convirtiéndose en el rey persa que más años gobernó y en uno de los soberanos con el reinado más largo de toda la historia.

Aun así, la ascensión al trono de Sapor II nos muestra de nuevo la persistencia del poder de las facciones nobiliarias en el juego político persa, al que ahora se sumaba el papel de los sacerdotes zoroástricos, que continuaban pudiendo decidir qué miembros o cuáles no conseguían sentarse en el trono sasánida y permanecer en él.

Con todo, y aunque pueda parecer lo contrario, es justamente durante el reinado del joven Sapor II cuando se considera que se culminó el proceso de centralización del poder real sasánida, ya que una vez que

El emperador Juliano el Apóstata llevó a cabo una de las últimas tentativas romanas para conquistar Ctesifonte, la capital sasánida. Su muerte, en verano del año 363, en plena retirada, dejó al ejército imperial en una situación comprometida que obligó a su sucesor, Joviano, a solicitar un tratado de paz a Sapor II.

el monarca llegó a la mayoría de edad, pudo hacerse con las riendas del gobierno, hecho que nos indica hasta qué punto la preeminencia de la autoridad regia estaba presente en el estado persa.

Uno de los acontecimientos históricos más importantes que se produjeron durante los primeros años del reinado de este monarca fue la conversión de Armenia al cristianismo en el año 314, en la persona de su rey Tirídates IV (285-339), hecho que convierte a este país en el primero del mundo que abrazó la fe cristiana. Esta conversión perjudicaba los intereses persas en la zona, ya que poco antes, en el año 313, el emperador romano Constantino I había otorgado, en el famoso Edicto de Milán, la tolerancia al culto cristiano, un primer paso que llevaría, a finales del siglo IV, a la proclamación del cristianismo como única religión permitida en el Imperio romano. La decisión de Constantino

y la conversión de Tirídates IV permitía, pues, el acercamiento religioso entre Roma y Armenia, un hecho que
facilitaba el entendimiento en el futuro entre ambos
estados en contra del reino persa zoroástrico y por lo
tanto pagano para ellos. Aun así, esta conversión no
fue generalizada, ya que varios clanes feudales y parte
de la población armenia se mantuvieron durante
muchos años aún fieles a sus creencias zoroástricas y
por tanto favorables a los reyes sasánidas.

Durante los años de minoría de Sapor II se fechan
las incursiones del territorio del suroeste del imperio
persa por parte de diversas tribus árabes, las cuales llegaron incluso a tomar algunas ciudades fronterizas,
circunstancia que sólo se puede entender debido al
período de regencia que vivía el reino sasánida.

La situación dio un giro en redondo cuando
Sapor alcanzó la mayoría de edad en el año 325 y se
hizo con el gobierno del imperio. El monarca persa
ordenó, entonces, que su ejército se enfrentara a los
invasores y saqueadores enemigos, a los cuales derrotó
y expulsó fácilmente. No contento con eso, Sapor
ordenó el avance persa sobre el territorio de la propia
península arábiga, donde tomó diversas ciudades y
expulsó a parte de las tribus árabes hacia las regiones
del interior. Como resultado de su campaña, ambas
orillas del golfo Pérsico permanecieron en poder de los
persas. El joven monarca sería conocido a raíz de estas
campañas como *dhu al-aktaf* (en árabe, 'el perforador de
espaldas'), debido al castigo que infligió a los prisioneros árabes, a los que agujereó la espalda (los omóplatos)
con el objetivo de que nunca más pudiesen alzar las
armas contra él.

Los ataques árabes motivaron, además, la organización de un sistema defensivo en la zona para evitar
nuevas incursiones, que incluía la construcción de fuer-
tes, murallas y probablemente fosos, situados al este
del territorio mesopotámico, según parece cerca de la

ciudad de Hira, que tomaba como modelo las defensas romanas en Siria y Mesopotamia. Además, el reino sasánida estableció a partir de entonces relaciones amistosas con algunas de las tribus árabes establecidas en aquellos territorios, entre las que conocemos a los lajmidas, que se convirtieron en valiosos aliados a la hora de mantener la paz y el orden en la región.

Mientras tanto, la situación en Armenia se había complicado. La amenaza de una posible entente entre armenios y romanos cristianos obligó a Sapor II a actuar, consiguiendo en el año 330 la muerte del rey Tirídates IV, una acción que aseguraba nuevos enfrentamientos con Roma. De nuevo la iniciativa la tomó el monarca persa, que dirigió su ejército hacia la Mesopotamia romana, donde puso sitio en el año 337 a las ciudades de Nisibis y Singara.

La primera fase del conflicto no comportó ningún enfrentamiento destacable, ya que Constancio II (337-361), que había sucedido a su padre Constantino I en la parte oriental del Imperio romano, planteó una táctica militar defensiva. Por suerte para él, la ofensiva militar de Sapor tuvo que ser suspendida debido a la aparición de una nueva amenaza que se aproximaba por las fronteras nororientales del imperio persa. Hasta allí habían llegado nuevos invasores, los pueblos nómadas chionitas, que asentados en el curso medio del río Oxus habían iniciado toda una serie de incursiones en territorio sasánida. Sapor II se dirigió hacia allí en el año 350 o en el 351, si bien la tranquilidad en la región no se recuperó hasta el año 357, cuando el rey persa consiguió derrotar definitivamente a los invasores chionitas.

Una vez pacificada la zona, el incansable Sapor, que no olvidaba su enfrentamiento inconcluso con Roma, regresó a Occidente, donde reemprendió su ofensiva militar. En el año 359 las tropas persas volvieron a poner sitio a la ciudades de Nisibis y Singara. Poco después Sapor consiguió uno de sus mayores éxitos militares con la toma de la estratégica ciudad de Amida, actual Diyarbakr, en el este de Turquía, tras un terrible y costoso asedio que se prolongó durante 73 días.

La respuesta por parte de Roma no la emprendería Constancio II, sino su primo y sucesor Juliano, conocido comúnmente como el Apóstata (361-363). El nuevo emperador reunió un ejército de 95.000 hombres con el que se dirigió, en el año 363, hacia territorio persa. El grueso de sus tropas, unos 65.000 soldados acompañados por un contingente de 1.000 navíos, avanzó hacia la capital persa, mientras que un segundo cuerpo expedicionario, integrado por los restantes 30.000 hombres, se dirigió hacia Armenia en una táctica de diversión. En esta campaña Juliano dispuso de la colaboración de Arsaces II de Armenia (350-368) y de un hermano del propio Sapor II, llamado Hormizd, que se había pasado al bando romano acompañado de algunos regimientos de élite del ejército persa.

Tras una larga y penosa marcha hacia Ctesifonte las tropas romanas vencieron al ejército sasánida en las cercanías de la capital. Al no poder tomar la plaza, Juliano decidió avanzar hacia el interior del territorio persa, para lo cual se vio obligado a destruir su flota, a excepción de veinte navíos, con el objetivo de evitar que esta cayera en manos enemigas.

No obstante, el calor de mediados de junio, la falta de suministros y el constante hostigamiento por parte de los persas obligó a Juliano a replantearse su estrategia y a dirigir a su ejército de nuevo hacia territorio romano, siguiendo la ribera del río Tigris. La retirada romana no sería, sin embargo, el peor contratiempo que sufriría la expedición de Juliano, ya que el 26 de junio del año 363 el propio emperador fue alcanzado por una lanza enemiga durante una de las continuas escaramuzas que debían de soportar las tropas romanas en su retirada, una herida de la que no pudo sobreponerse y que le produjo la muerte.

De nuevo, pues, las tropas romanas se veían, como en tiempos de Caracalla y de Gordiano III, desprovistas de su general en jefe en medio de una campaña militar en territorio enemigo, situación que presagiaba un final perjudicial para los intereses romanos en la zona.

La única posibilidad del emperador Joviano (363-364), que había sucedido a Juliano al frente de las tropas romanas, era alcanzar un acuerdo con Sapor. El gran rey persa se avino bien pronto a discutir las cláusulas de la paz y a imponer sus condiciones, que sin duda alguna, tenían como objetivo revertir la situación que se había establecido tras el tratado del año 298 entre Narsés y Diocleciano. El acuerdo de paz firmado en el año 363 forzó a Joviano a ceder gran parte del territorio romano situado en el norte de Mesopotamia y a entregar las ciudades de Nisibis y Singara y otras quince fortalezas. Además, el emperador romano se obligaba a no intervenir en Armenia en el futuro, al menos durante los treinta años de validez del acuerdo. Sapor II llevaba, así, al reino sasánida a alcanzar su mayor apogeo desde su creación en tiempos de Ardashir I.

Por lo que respecta a la política religiosa, cabe destacar el reinicio de las persecuciones durante el reinado de Sapor II, principalmente de los cristianos, pero también de judíos y maniqueos. La población cristiana en el interior del imperio persa había aumentado ampliamente como resultado de la deportación masiva de los cautivos romanos llevada a cabo por diversos reyes sasánidas y estaba concentrada en los territorios de Juzestán, Mesopotamia y la propia Pérside, donde existían obispados en ciudades como Gundeshapur, Bishapur e incluso en la capital, Ctesifonte. Los cristianos, además de integrar un cuerpo religioso diferente que entraba en competición con la religión zoroástrica, siempre fueron vistos en Persia como una quinta columna favorable a la política llevada a cabo por sus correligionarios romanos.

Sapor II, necesitado de recursos económicos durante su enfrentamiento con Roma, decidió incrementar al doble el impuesto pagado por los cristianos a cambio de la paz y la seguridad que gozaban a la hora de practicar su religión. Los cristianos se opusieron, hecho que decidió al rey sasánida, en el año 339, a iniciar una persecución que se prolongaría hasta su muerte. Al mismo tiempo y de forma contrapuesta, durante el reinado de Sapor II finalizó el proceso de establecimiento y consolidación de la «iglesia» zoroástrica con una jerarquía propia encabezada por el gran *mowbed* o sumo sacerdote.

La paz del año 363 tuvo poca transcendencia para Armenia, ya que Sapor II aprovechó la muerte de Joviano en febrero del año 364 para desplegar su actividad militar en la zona. Tras apoderarse y ejecutar al rey Arsaces II, del que no olvidaba que había acompañado a Juliano en su campaña, instauró en el trono armenio a un hijo de este llamado Papas (370-374). Con todo, la situación en la región del Cáucaso no se apaciguó hasta la muerte del propio Papas, cuando persas y romanos llegaron a un acuerdo para dividirse el territorio armenio, por el cual la Gran Armenia, al este, quedaba en manos persas, mientras que la Pequeña Armenia, una reducida porción de una quinta parte del territorio armenio, pasaba a dominio romano, una solución esta que pacificaría por algún tiempo la rivalidad entre Persia y Roma.

Poco después, en el año 379, moría el rey Sapor II tras un largo reinado durante el cual el poder sasánida se había consolidado a lo largo de todas las fronteras, tanto en el oeste frente a los romanos como en el sur ante la amenaza árabe y en el este ante la invasión de los pueblos chionitas.

Tras la muerte del viejo monarca el trono pasó a Ardashir II (379-383), del cual no se sabe si era hijo o hermano de Sapor. Aunque parece que el nuevo soberano fue popular entre sus súbditos, su dura política en relación con la poderosa nobleza persa motivó que tras cuatro años de reinado fuera depuesto, tras lo cual ascendió al trono sasánida Sapor III (383-388), este sí, hijo de Sapor II.

A Sapor III le sucedió por su hijo Bahram IV (388-399), monarca que había gobernado previamente los territorios de Kermán, en la zona oriental de Irán. Durante el reinado de este monarca se documentan las incursiones en la región del Próximo Oriente por parte de los hunos, pueblo nómada que en breve dejaría su sangrienta e implacable huella en la historia de Europa. Los hunos habían alcanzado, en su avance hacia Occidente, el reino de los alanos, establecido al norte de la cordillera del Cáucaso, del cual se habían apoderado hacia el año 370. Desde esta zona iniciaron, en el año 395, incursiones hacia el sur, que afectaron a los territorios de Armenia, Siria y Capadocia. Aunque no poseemos pruebas de que los hunos actuaran en territorio persa, es bastante probable que su actividad afectara, de una forma u otra, al reino sasánida.

Por lo poco que sabemos de su reinado, parece que la política de Bahram IV benefició a la población persa más humilde, hecho que no fue del agrado de la nobleza, por lo que no es de extrañar que Bahram muriera asesinado, según las fuentes, atravesado por una flecha.

PERSIA EN EL SIGLO V

A Bahram IV le sucedió su hijo Yazdagird I (399-420), cuyo reinado comportó novedades tanto en el aspecto religioso como en el político.

En los años previos a su ascenso al trono se habían producido amplias transformaciones en el territorio romano. La muerte del emperador Teodosio en el año 395 supuso la división del Estado romano en dos mitades, la Occidental y la Oriental (esta última con capital en Constantinopla, ciudad fundada sobre el emplazamiento de la antigua Bizancio), cuyo gobierno fue asignado a los dos hijos de Teodosio, Honorio en Occidente y Arcadio en Oriente, lo que suponía el final de un gobierno único en el Imperio romano. Sería, como es lógico, la parte oriental del imperio la que mantendría el contacto político con Persia, y la que sería conocida por la historiografía posterior, tras la caída de la parte occidental, con el nombre de Imperio bizantino.

Las relaciones que estableció Yazdagird I con los emperadores de Constantinopla fueron especialmente buenas, tanto que incluso a la muerte del propio Arcadio, en el año 408, y temiendo el gobierno bizantino que la corta edad de su hijo Teodosio II, que contaba por entonces con tan sólo siete años, provocara problemas políticos internos en el imperio, decidió enviar a Yazdagird una embajada solicitándole su apoyo. El rey persa respondió positivamente al llamamiento constantinopolitano y envió una carta en el año 409 a la corte bizantina en la que reconocía a Teodosio II como nuevo emperador y amenazaba a cualquiera que se alzara en contra de su poder.

En lo que respecta a la política interna de Yazdagird asistimos a una amplia tolerancia hacia las minorías religiosas, entre ellas la cristiana y la judía, una medida ampliamente criticada, como era de esperar, por el clero zoroástrico, que tuvo, sin embargo, como resultado la mejora de la situación de los cristianos en territorio persa.

Este hecho nos permite dedicarle un poco más de atención a la evolución del cristianismo en esta época. Muchas veces nos parece, o así nos lo presentan los libros de historia, que el cristianismo tan sólo se desarrolló en territorio romano, aunque, y como ya hemos visto, también existían comunidades cristianas en Persia e incluso también entre los pueblos germanos.

Estos «cristianos persas» provenían no sólo de la evangelización llevada a cabo desde territorio romano, sino también de los cautivos hechos allí por los reyes sasánidas. Fue justamente durante el período de tolerancia que supuso el reinado de Yazdagird I cuando se reunió en la ciudad de Seleucia del Tigris, en el año 410, el primer concilio de la iglesia cristiana persa, bajo el patronazgo del propio monarca sasánida. En este concilio, al cual asistieron obispos y eclesiásticos provenientes de los diversos territorios del imperio persa y representantes de la Iglesia bizantina, se aceptaron las decisiones antiarrianas aprobadas en el concilio de Nicea del año 325 y que defendían la consubstancialidad entre Dios y Jesucristo, o lo que es lo mismo, que Padre e Hijo tenían la misma sustancia. Las decisiones del concilio de Seleucia acabaron, temporalmente, con las disensiones cristológicas en la Iglesia persa y le permitieron organizarse jerárquicamente de una forma autónoma a la Iglesia romana y bizantina. El obispo Isaac de Seleucia fue además escogido como *catholicos* o patriarca de la Iglesia en territorio persa.

Esta situación de bonanza no duró, sin embargo, demasiado tiempo, ya que hacia el final del reinado de Yazdagird I la destrucción de un santuario zoroástrico por un obispo cristiano inició un nuevo período de persecución religiosa en el reino sasánida.

La muerte del monarca persa en el año 420 agitó, de nuevo, el normal desarrollo de la política sasánida. Su hijo Sapor, que ya gobernaba en la Armenia persa, se hizo con el trono de Ctesifonte, aunque no reinó durante mucho tiempo, ya que los nobles y los sacerdotes zoroástricos, disgustados en exceso con la política que había desarrollado su padre, acabaron con la vida del joven monarca, al que sustituyó un tal Cosroes, un príncipe sasánida de una línea familiar colateral. Esta proclamación disgustó en exceso a Bahram, otro de los hijos de

Yazdagird, que había sido educado en la corte lajmida de Hira, que poco después, y apoyado por fuerzas árabes y por algunos altos cargos de la corte persa, se dirigió con un potente ejército hacia la capital, donde reclamó para sí la corona, lo que obligó a Cosroes a abdicar en su favor.

El nuevo rey Bahram V (420-439) llegó a ser célebre por su afición a la caza, la bebida, las mujeres y la música. Durante su reinado prosiguió la persecución religiosa que había iniciado su padre y que había provocado que muchos cristianos persas se refugiaran en territorio romano. Esta huida no agradó en demasía al rey sasánida, que solicitó su repatriación. La negativa de Teodosio II a satisfacer las exigencias de Bahram generó un nuevo conflicto entre Bizancio y Persia, que se inició en el año 421 y que finalizó en el año siguiente. El nuevo tratado firmado entre ambos estados estableció la libertad de los cristianos para practicar su culto en territorio persa, de la misma forma que los zoroastrios podían ejercer el suyo en territorio romano. Ambos estados acordaron, además, sufragar los gastos que generaba la defensa de la región del Cáucaso, que recordemos que en el año 395 había sido superada por los hunos, aunque no se produjo ninguna modificación territorial entre los dos imperios.

La razón por la que Bahram V aceptó una rápida solución pacífica a este conflicto no era otra que la invasión, en el año 420, de las regiones orientales del Imperio persa por parte de los heftalitas o hunos blancos, pueblo nómada de origen turco que estaba expandiendo en esta época su poder por los territorios de Asia central y que durante el siglo V se convertiría en el más poderoso enemigo del Estado sasánida.

Según las fuentes árabes, Bahram planeó un ardid para vencer a los invasores heftalitas, que consistió en camuflar sus preparativos militares bajo la apariencia de una expedición de caza. Esta excusa permitió al monarca persa organizar un pequeño ejército constituido por 7.000 catafractos y arqueros a caballo. Para evitar que se descubrieran sus auténticas intenciones, el ejército persa avanzó de noche, rodeando la costa sur del mar Caspio, lo que permitió a Bahram V alcanzar la región de la ciudad de Merv y hallar desprevenido al ejército heftalita, acontecimiento que le permitió obtener una amplia victoria sobre sus enemigos. El monarca persa, no satisfecho con este éxito, se internó en territorio heftalita, al norte del río Oxus, donde sus tropas volvieron a salir victoriosas en un nuevo enfrentamiento armado, tras lo cual los heftalitas solicitaron la paz. Después de este doble triunfo, Bahram construyó un pilar en la zona que establecía los límites entre el territorio persa y el heftalita, lo que hizo posible a los sasánidas contener, al menos temporalmente, el avance enemigo.

Bahram V también llevó a cabo cambios en la Armenia persa donde, como de costumbre, se habían producido nuevos contratiempos. El monarca sasánida decidió, en el año 428, acabar de una vez por todas con la continua inestabilidad en la zona, sustituyendo al rey armenio Artaxes por un gobernador persa, cargo conocido como *marzban*, una decisión que, aunque no fue del agrado de la Iglesia armenia, daba inicio a un nuevo período en la historia de la región, conocido como marzbanato, que perduraría hasta la conquista musulmana del territorio armenio a mediados del siglo VII.

Fue también durante el reinado de Bahram V cuando se dio un paso más en la separación entre la Iglesia persa y la bizantina. En el año 424 los obispos persas, bajo la dirección del *catholicos* Mar Dadisho I, proclamaron la escisión de su Iglesia, con lo que esta conseguía la independencia formal de la sede siria de Antioquía, de la que dependía hasta entonces.

Representación de la batalla de Avarayr en un *sharaknot,*
recopilación de poesía espiritual y cantos sagrados
armenios elaborada en el año 1482. En ella se observa
el ataque de los elefantes persas contra el ejército armenio
liderado por Vardan Mamikonian.

Aunque las fuentes orientales nos ofrecen un
final legendario para el reinado de Barham V, hacién-
donos creer que el monarca sasánida desapareció en el
año 410 mientras estaba disfrutando de una de sus
cacerías, actualmente se cree que el rey persa fue, realmente, víctima de una nueva conspiración, urdida,
cómo no, por la nobleza y los sacerdotes zoroástricos,
hecho que propició la ascensión al trono de su hijo Yazdagird II (439-457).

Un nuevo conflicto entre Bizancio y Persia se
originó en el mismo año 439 debido a la actividad
constructiva desarrollada por el emperador Teodosio II
en la frontera perso-bizantina, que infringía los términos del último tratado firmado en el año 422. El
enfrentamiento armado entre ambos estados no tuvo
la importancia de episodios anteriores, ya que los
esfuerzos militares bizantinos estaban, en estos

momentos, concentrados en territorio europeo, haciendo frente a los estragos provocados por el avance de los hunos de Atila. Este hecho obligó a Teodosio II a solicitar la paz a Yazdagird II, con el que firmó un nuevo tratado, en el año 441, que mantenía la situación anterior al inicio del conflicto y prohibía la construcción de nuevos emplazamientos fortificados en la zona de frontera entre ambos estados. Un rápido y feliz desenlace que nos muestra que la preocupación sasánida se centraba, por aquel entonces, en otras latitudes.

La desaparición del poderío kushano a mediados del siglo III en los territorios del Oriente Medio, Asia central y del norte de la India, provocada, en parte, por el auge del predominio sasánida en la zona, había creado un vacío de poder en toda la región del que no tardaron en aprovecharse diversos pueblos procedentes de Asia central, de los que ya conocemos a los chionitas y los heftalitas. Ahora les tocaba, sin embargo, el turno a los kidaritas, pueblo nómada de origen iranio o turco que estaba aterrorizando desde principios de los años cuarenta del siglo V las regiones del Jorasán y de Jorasmia, situadas en la zona nororiental del imperio persa.

Yazdagird estableció temporalmente su residencia en la ciudad de Nishapur, en el Jorasán, para dirigir de una forma más directa las operaciones contra los kidaritas. El enfrentamiento definitivo entre estos y los persas se produjo en el año 450 en la región de Taleghan, en la zona del sur del mar Caspio, del cual salieron de nuevo vencedores los sasánidas, los cuales obligaron a los derrotados kidaritas a huir hacia la zona del norte del río Oxus.

Una vez solucionada, aunque sólo fuera temporalmente, la situación en Oriente, Yazdagird volvió a concentrar sus esfuerzos en el occidente de su imperio, y más concretamente en la tumultuosa Armenia, donde se estaban viviendo momentos conflictivos. La llegada al poder de Yazdagird II había comportado amplios cambios en la política religiosa desplegada allí por el estado persa, originados por la aprobación, en el año 449, por parte del monarca sasánida, de un edicto que obligaba a los armenios a abandonar el cristianismo y a convertirse de nuevo a la fe zoroástrica.

Esta medida fue acogida con desaprobación por la población armenia que incluía a parte de la nobleza del país y, cómo no, a la Iglesia, que en breve y dirigidos por el patriarca armenio Hovsep I y el noble Vardan Mamikonian, se rebelaron, enfrentándose, al mismo tiempo, a parte de la nobleza armenia que sí se había decantado por acatar el edicto de Yazdagird.

El enfrentamiento militar no se hizo esperar. Yazdagird II reunió, según las fuentes armenias, un ejército de entre 220.000 y 300.000 soldados, dirigidos por el general Mushkan. En la batalla de Avarayr, en la provincia de Vaspurakan, se enfrentaron, el 2 de junio del año 451, armenios cristianos por un lado y persas y armenios zoroastrios por el otro. El ejército rebelde, que constaba de unos 66.000 soldados de infantería y caballería, fue brutalmente derrotado por las fuerzas persas, hecho al que no fue ajena la deserción de algunos de sus generales y dirigentes. Muchos sacerdotes y nobles armenios cristianos fueron apresados y enviados como esclavos a Irán, a pesar de lo cual la derrota de Avarayr se convertiría en un símbolo de la resistencia cristiana armenia. Sin embargo, y como era de esperar, la victoria persa no supuso el final de los problemas en el país, pues los enfrentamientos prosiguieron en forma de guerrilla durante los años posteriores.

Tampoco fueron tranquilos los últimos años del reinado de Yazdagird II, ya que el rey persa tuvo que hacer frente a nuevas incursiones kidaritas en la frontera nororiental, lo que le obligó a dirigir hacia allí de

Moneda sasánida acuñada por el rey Peroz I.
El soberano persa se enfrentó hasta tres veces
con sus enemigos heftalitas, ante los cuales halló
la muerte en el año 484. Su reino tardó varias décadas
en recuperarse de tan terrible derrota.

nuevo a parte de su ejército. Yazdagird murió en el año 457 sin haber conseguido pacificar el territorio amenazado por los invasores enemigos, y fue sucedido por su hijo, Hormizd III (457-459).

Por desgracia para el nuevo monarca, su hermano Peroz I (459-484) se rebeló contra su autoridad. En sus aspiraciones al trono, Peroz recibió el apoyo de los nobles persas, a lo que se sumó la ayuda de los heftalitas. Ambos pretendientes se enfrentaron en el campo de batalla en el año 459, combate del que salió victorioso Peroz, que tras capturar a Hormizd III ordenó su muerte.

Durante los primeros años del reinado de Peroz sabemos que el territorio sasánida sufrió una gran hambruna y diversas inundaciones que provocaron una gran mortalidad entre sus habitantes.

Peroz I dirigió sus energías bien pronto a la región del Cáucaso, donde sofocó una rebelión en el

La leyenda de la perla del rey Peroz

Procopio, en su obra titulada *Historia de las guerras* nos revela, al hablar de la muerte de Peroz I en el campo de batalla, la leyenda que rodeaba la perla que exhibía el gran rey como pendiente, un ejemplar que poseía, según el historiador griego, una blancura prodigiosa y un tamaño extraordinario.

Según los propios persas, la perla había estado alojada en una ostra que flotaba totalmente abierta arrastrada hacia la orilla por las aguas del océano Índico, una imagen tan hermosa que había conseguido incluso enamorar a un feroz tiburón de gran tamaño, que la seguía de cerca, no abandonándola en ningún momento. Un día un pescador advirtió la presencia de la ostra y, tras huir despavorido ante la imagen del terrible tiburón, informó al rey Peroz de tan extraño acontecimiento. A instancias del monarca, el atemorizado pescador volvió al lugar del hallazgo e intentó hacerse con tal extraordinario portento de la naturaleza, hazaña que consiguió, perdiendo, sin embargo, en ella la vida.

Consciente Peroz de lo inmediato de su muerte a manos de los heftalitas en la batalla del año 484, el monarca persa se arrancó la perla que colgaba de una de sus orejas y la lanzó lejos de él, con la voluntad de que nadie pudiera hacerse con ella, pues no había existido perla mayor ni más hermosa en la historia.

Aunque el propio Procopio no creía demasiado en la veracidad de esta historia, nos indica que un emperador bizantino, seguramente Zenón (474-491), intentó comprar la perla de Peroz a los heftalitas, aunque no pudo hacerse con ella ya que no fue hallada hasta mucho tiempo después, cuando fue finalmente vendida al rey persa Kavad I.

territorio de Albania y puso fin a las duras medidas que su padre Yazdagird II había impuesto en Armenia, a cuyos habitantes permitió la práctica del cristianismo, liberando, además, a algunos nobles apresados por su predecesor.

En el territorio oriental de su imperio las cosas no habían mejorado en demasía, sino más bien todo lo contrario, ya que kidaritas y heftalitas, los dos grandes enemigos de los persas en los últimos años, se habían aliado y se dedicaban a atacar y saquear los dominios sasánidas. Peroz I marchó primero contra los kidaritas, a los que consiguió derrotar. Confiado en conseguir también una nueva y fácil victoria sobre los heftalitas, Peroz se dirigió poco después contra ellos, enfrentamiento del cual el monarca sasánida salió derrotado. La inesperada victoria heftalita obligó a Peroz a ceder territorios a sus enemigos y a prometer la entrega de su propia hija en matrimonio al *jan* heftalita Kushnavaz.

Soliviantado por esta derrota, Peroz I se dirigió con un nuevo ejército hacia territorio nororiental en el año 469. Los heftalitas demostraron en este nuevo enfrentamiento un gran dominio de la táctica militar, hecho que, sumado al uso del estribo, desconocido hasta entonces por el ejército sasánida, les proporcionó la victoria, consiguiendo esta vez capturar al propio Peroz y a su séquito.

Las condiciones propuestas para la liberación de Peroz y del resto de cautivos incluyeron la humillación del monarca sasánida, que tuvo que solicitar el perdón de Kushnavaz. Además Peroz se vio obligado a entregar rehenes, entre ellos al gran sacerdote o *mowbed* y a dos de sus hijos; a pagar un alto tributo anual y a jurar que nunca volvería a desafiar a la autoridad heftalita, cuyo límite quedaba demarcado por un nuevo pilar, erigido esta vez por Kushnavaz, en respuesta a aquel otro construido por Bahram V.

La debilidad mostrada por Peroz ante los heftalitas tuvo, como era de esperar, sus repercusiones en otras regiones del imperio. Así, pues, en Armenia estalló una nueva rebelión liderada por Vahan Mamikonian, sobrino de Vardan Mamikonian, mientras que en el reino de la Iberia caucásica también se produjeron enfrentamientos entre la población cristiana y los partidarios del poder persa.

Aun así el principal objetivo de Peroz I durante los años posteriores a su liberación fue la derrota de los heftalitas, adversarios con los que aún le quedaba pendiente un ajuste de cuentas. Así las cosas, en el año 484 Peroz organizó una tercera campaña militar contra ellos, aunque de nuevo la astucia y el dominio de la táctica militar llevó a los heftalitas a conseguir la victoria.

El desastre sasánida adoptó magnitudes catastróficas. El propio Peroz perdió la vida en la batalla, junto a parte de su estado mayor y del ejército, lo que permitió a los heftalitas consolidar su dominio en los territorios orientales del imperio persa e interferir con mayor fuerza en su política, una situación crítica de la que el reino sasánida tardaría en recuperarse al menos dos décadas.

Fue, por otra parte, durante el final del reinado de Peroz I cuando se produjo la definitiva división credencial entre la iglesia bizantina y la persa. Esta fragmentación estuvo motivada, en parte, por la aparición de una nueva herejía, el nestorianismo, que defendía la existencia de dos naturalezas o personas diferentes en Cristo, una divina y otra humana.

La doctrina nestoriana fue condenada por la Iglesia bizantina como herética en el año 431 en el concilio de Éfeso, lo que desencadenó la huida de muchos cristianos nestorianos hacia Persia. La amplia difusión del nestorianismo en territorio sasánida provocó que esta variante del cristianismo se convirtiera, con el tiempo, en la dominante en el Imperio persa, que se mantendría enfrentada teológicamente con su rival, la Iglesia bizantina. Esta situación se ratificó en el año 484 en un nuevo concilio celebrado en la ciudad de Ctesifonte, donde se determinó la creación de la Iglesia persa nestoriana, en oposición a la ortodoxa bizantina, hecho que permitió a aquella una mayor difusión por territorio iranio, ya que a partir de entonces no sería vista como un elemento probizantino, sino como una secta religiosa fiel a la política y los intereses sasánidas.

EL ÚLTIMO RESURGIR PERSA. LOS REINADOS DE KAVAD I Y DE LOS DOS COSROES

Balash I (484-488), hermano del difunto monarca, fue nombrado rey por la nobleza persa. Ante la caótica situación política, económica y militar que vivía el Estado sasánida, Balash se vio obligado a solicitar un nuevo acuerdo con los heftalitas. Como era de esperar, estos demandaron el pago de un alto tributo anual para concluir la paz y para liberar a los cautivos, un gran esfuerzo económico que, sin embargo, permitía al monarca persa estabilizar la frontera nororiental de su reino.

Acto seguido, Balash I dedicó sus esfuerzos a la pacificación de la región de Armenia, que se había mantenido alterada desde el reinado de su padre, Yazdagird II, y cuya insurgencia ponía en grave peligro la frontera occidental de su imperio. Así, pues, en el año 484 el monarca persa estableció la libertad de la población armenia para practicar la religión cristiana y decretó la destrucción de los templos zoroástricos existentes en aquel territorio, así como la prohibición de construir otros nuevos.

De la misma forma en que los nobles y sacerdotes persas habían elevado al trono a Balash I, lo depusieron en el año 488, colocando en su lugar a Kavad I (488-497), uno de los hijos de Peroz que había sido entregado como rehén a los heftalitas en el año 469 y con los que había desarrollado amplios lazos de amistad.

El nuevo rey tuvo pronto que hacer frente a nuevas invasiones, esta vez en Occidente, protagonizadas por los jázaros, pueblo nómada de origen turco que había ocupado el espacio vacío dejado por los hunos en el territorio que se extiende entre los ríos Don y Volga. Las incursiones jázaras afectaron a los territorios de Armenia, la Albania caucásica y Media Atropatene, amenazando, incluso, el corazón del reino sasánida. Kavad I reunió un ejército de 100.000 hombres con el que consiguió poner fin a las correrías jázaras, lo que le permitió hacerse con un gran botín.

Por lo que respecta a la política interna, Kavad I tuvo que oponerse al creciente poder adquirido por la nobleza y los sacerdotes persas, un claro y lúcido ejemplo de cuál había sido la ascensión al trono tanto de él como de su hermano Balash I.

Por aquel entonces los dominios sasánidas estaban viviendo un nuevo período de efervescencia religiosa con la aparición del movimiento mazdakita que, difundido por Mazdak, visionario y reformador religioso de finales del siglo V y principios del VI, predicaba una nueva interpretación de los preceptos zoroastrios, que le han llevado a ser considerado como protocomunista. Mazdak predicaba contra la violencia y a favor de una redistribución de la riqueza con el objetivo de alcanzar el igualitarismo y la justicia social. Se considera, además, que sus creencias estaban influenciadas, de alguna forma, por el maniqueísmo, ya que sus ideas eran fuertemente dualistas.

Las doctrinas mazdakitas fueron favorecidas, muy pronto, por el rey Kavad I, que veía en ellas una valiosa arma para luchar contra el poder y la riqueza de la aristocracia y la jerarquía zoroástrica. El temor de los nobles persas y de los sacerdotes ante el cariz que estaban tomando los acontecimientos los llevó a rebelarse contra Kavad, al que depusieron en el año 497 y encarcelaron, tras lo cual elevaron al trono a su hermano Zamasp (497-499).

Kavad consiguió escapar pronto de su reclusión y huyó a la corte del rey heftalita, del que obtuvo ayuda militar con la que inició su regreso a territorio sasánida. Zamasp no opuso resistencia alguna a su hermano, al cual entregó el trono, iniciándose de esta forma la segunda y más larga etapa del reinado de Kavad I (499-531), que comportó, como era de esperar, la persecución y eliminación de los sacerdotes y nobles que habían conspirado contra él, si bien, por lo que parece, el reinstaurado monarca sasánida se condujo en esta cuestión con clemencia.

El retorno de Kavad I al trono provocó, en poco tiempo, el reinicio del enfrentamiento militar con Bizancio, cuyo origen hemos de buscar en la pésima situación económica que atravesaba el Imperio sasánida, ya que el tributo anual pagado a los heftalitas estaba presionando sobremanera a la economía persa. En este contexto Kavad solicitó al emperador bizantino Anastasio (491-518) que, fiel a acuerdos anteriores, ayudara a sufragar parte de la defensa de los pasos del Cáucaso, compromiso incumplido por los bizantinos en los años anteriores. La negativa imperial precipitó el conflicto.

En el año 502 el ejército persa tomó las ciudades armenias de Teodosiópolis (actual Erzurum, en Turquía) y Martirópolis (Silvan, también en Turquía) y la ciudad fronteriza de Amida. Aun así, el enfrentamiento militar entre bizantinos y persas no permitió a ninguno de los dos bandos hacerse con una victoria definitiva, lo que forzó la firma de una tregua temporal en el año 506, ya que los heftalitas volvían a presionar sobre los dominios orientales sasánidas. El acuerdo obligaba a los bizantinos a compartir la defensa de la región del Cáucaso, además de pagar una compensación por las diversas obras de fortificación que habían emprendido en la zona de la frontera con Persia. A su vez, Kavad I cedió diversas de las conquistas que había conseguido durante el transcurso de este último conflicto.

Los años finales del reinado de Kavad I representaron un cambio en la política religiosa llevada a cabo por el gran rey. Si bien hasta entonces Kavad había permitido y fomentado las creencias y reformas sociales mazdakitas, el soberano persa se vio obligado a retirar su apoyo al movimiento liderado por Mazdak, alarmado por el preocupante progreso ellas, que no sólo amenazaban con degradar totalmente la posición de los nobles y sacerdotes zoroastrios, ambos pilares, en definitiva, de la autoridad real, sino también la estabilidad política y social del reino sasánida. Por esta razón, Kavad encargó a uno de sus hijos, llamado Cosroes, el inicio de la persecución de los mazdakitas, en la cual participaron de forma entusiasta los sacerdotes zoroastrios, que veían, así, restablecer su autoridad religiosa.

La cercana sucesión al trono persa afectó, de nuevo, a las relaciones con Bizancio, pues Kavad I no quiso dejar en manos de la nobleza y de los magos, como venía siendo habitual, la decisión final sobre quién sería su sucesor. Kavad tenía tres hijos, de los cuales había escogido al más joven, Cosroes, para sucederle. Para asegurar que su decisión sería aceptada tras su muerte, el monarca persa propuso al emperador bizantino Justino I (518-527) que adoptara a su hijo y le diera su apoyo como rey, proposición que fue rechazada por este, y que provocó, como era de esperar, la respuesta militar persa.

Kavad I murió en el año 531, a los 82 años de edad, estando inmerso en los preparativos de la nueva campaña militar contra el Imperio bizantino. Su reinado había, sin embargo, permitido al reino sasánida recuperarse de la fuerte crisis política que había sacudido sus cimientos desde las campañas y la muerte del rey Peroz, y dejaba abierta la sucesión de su hijo Cosroes I (531-579), conocido como Anushirawan, o lo que es lo mismo, 'el del alma inmortal', seguramente el más famoso de los soberanos sasánidas, durante cuyo reinado asistimos a uno de los momentos más álgidos de la historia persa, que comportó no sólo una recuperación política, sino también un período de florecimiento económico y cultural.

Sin embargo, los comienzos del reinado de Cosroes I no fueron, ni mucho menos, sencillos. Aunque el nuevo soberano había sido nombrado heredero al trono por el propio Kavad, Cosroes no era su hijo mayor, por lo que pronto dos de sus hermanos se rebelaron contra su autoridad, ayudados por los perseguidos mazdakitas y por parte de la nobleza. Aun así, Cosroes recibió el apoyo de la corte y de los sacerdotes zoroastrios. El joven rey acabó imponiéndose a sus hermanos, a los que no perdonó la vida, tras lo cual inició una brutal matanza entre la mayoría de los miembros de su familia que pudieran desear, en el futuro, la corona real, de la que sólo consiguió escapar uno de sus hijos, que se refugió en territorio bizantino.

Una vez ratificada su posición en el trono persa, el nuevo rey de reyes llevó a cabo toda una serie de grandes reformas necesarias después de varios años de insurgencia mazdakita y de diversas derrotas ante bizantinos y heftalitas.

Una de ellas afectó a la recaudación de los impuestos. Cosroes llevó a cabo un catastro de todo el territorio sasánida para determinar el tributo sobre la producción agrícola de acuerdo con un cálculo promedio de las cosechas obtenidas durante diversos años, lo que permitía tanto al Estado como al productor contar con unas cantidades más o menos estables a la hora de pagar sus impuestos. Acompañando al tributo sobre la producción agrícola se creó un nuevo impuesto de carácter personal, que tenían que pagar todos aquellos que pertenecían a las clases inferiores y que tenían entre 20 y 50 años, del que estaban exentos los miembros de los estamentos superiores.

Cosroes I también realizó reformas en el ejército. Si bien anteriormente el cuerpo principal de la caballería pesada catafracta persa estaba compuesto mayoritariamente por miembros de la alta nobleza, que eran los únicos que podían permitirse pagar el alto coste de su equipamiento militar, Cosroes consiguió revertir esta situación al hacerse cargo el Estado del equipamiento y de la paga de los *dehkan* o caballeros, miembros de la baja nobleza que hasta ese momento no habían podido participar plenamente en el ejército. Una reforma con la que Cosroes consiguió no sólo ampliar el número de posibles reclutas para las nuevas campañas que en breve iniciaría, sino también hacerse con la fidelidad de la pequeña nobleza, que sería fundamental en la sociedad persa a partir de entonces.

Cosroes también reorganizó la estructura del mando militar con la creación de cuatro nuevas demarcaciones militares y administrativas, que incluían las regiones de Mesopotamia, el Cáucaso, Asia Central y la zona del golfo Pérsico y el suroeste de Irán, en las que nombró a cuatro generales, uno por cada región, que suplantaban al comandante en jefe del ejército persa que existía anteriormente, una reorganización que permitió una mayor eficiencia en la gestión de los recursos militares y en la mejora de la capacidad de lucha del ejército sasánida. A estas reformas se suman ron otras de carácter administrativo y legal que permitieron a Cosroes desplegar una amplia y osada política, que llevaría al imperio sasánida a alcanzar uno de los momentos más álgidos de su historia.

En el año 532, poco después de su ascenso al trono, Cosroes firmó con los bizantinos la conocida como *Paz eterna*, que ponía fin a las hostilidades entre ambos Estados iniciada por su padre. El emperador bizantino se comprometía al pago de 11.000 libras de oro como contribución al mantenimiento de las defensas del Cáucaso, como sabemos, una vieja reclamación de los sasánidas, mientras que Cosroes II se obligaba a ceder diversos territorios en la región de Lázica.

A pesar del esperanzador y ostentoso nombre dado a esta paz, las hostilidades entre bizantinos y persas volvieron a reemprenderse en el año 540, en un conflicto que enfrentaría a dos de las figuras políticas más importantes del momento, el emperador Justiniano I (527-565) en Bizancio y Cosroes I en Persia, cuyos reinados dejarían una traza indeleble no sólo en la época, sino también en la historia.

Como ya venía siendo habitual, el nuevo conflicto tenía su origen en los intereses de ambos Estados en regiones como Armenia, el Cáucaso o incluso en Arabia. Así pues, Cosroes I decidió tomar la iniciativa en el año 540, dirigiendo sus tropas hacia Mesopotamia y Siria, donde logró tomar la ciudad de Antioquía tras breves días de asedio, éxito debido a que las defensas de la ciudad no se habían reparado tras sufrir esta un nuevo terremoto quince años antes, hecho que nos muestra claramente que los intereses del emperador bizantino estaban centrados en estos momentos en sus conquistas en Occidente. La ciudad fue saqueada e incendiada y su población deportada a territorio persa, donde fue asentada en una nueva ciudad construida cerca de Ctesifonte y llamada Veh Antioch Khosrow: («Mejor que Antioquía Cosroes ha construido esta»). Las tropas bizantinas no pudieron detener al ejército persa, que continuó su avance en territorio imperial. En el año 541 Cosroes se dirigió al territorio de Lázica, situado al noroeste del reino de la Iberia caucásica.

Justiniano reclamó, entonces, la presencia del general Belisario, ocupado en estos momentos en la conquista de Italia, para que se hiciera cargo de las tropas en Oriente. Mientras tanto, Cosroes consiguió la sumisión del reino lázico, un éxito sin precedentes en la historia persa. El enfrentamiento entre sasánidas y bizantinos perduró hasta el año 556, cuando se iniciaron conver–saciones que culminaron cinco años más tarde con el establecimiento de una nueva paz que tenía que mantenerse durante 50 años.

El tratado intentaba solucionar todos los problemas que afectaban a las relaciones entre Persia y Bizancio. En él se establecía el abandono de las aspiraciones sasánidas en la región de Lázica a cambio del pago, por parte de Bizancio, de una alta suma de dinero; la prohibición de atacar a los estados aliados de ambos imperios, hecho que había sido, como sabemos, una de las principales causas de enfrentamiento entre ellos, y la confirmación de la defensa de los pasos del Cáucaso por parte de los persas. Ambos estados se obligaban, además, como en otros tratados anteriores, a no fortificar las ciudades de la frontera. El intercambio comercial entre bizantinos y persas se canalizaría a través de algunos emplazamientos cuidadosamente seleccionados, como fueron las ciudades de Nisibis, Callinicum, Dara o Dvin, esta última en Armenia, y se debían tomar medidas contra el espionaje y el comercio no controlado. Un acuerdo que por su complejidad y protocolo nos muestra el alto nivel de desarrollo al que se había llegado en el siglo VI en las relaciones diplomáticas entre Bizancio y Persia.

EL ÚLTIMO EPISODIO
DE LA ACADEMIA DE PLATÓN

La consolidación y oficialización de la religión cristiana primero en el Imperio romano y más tarde en el bizantino, trajo consigo el amanecer de una nueva época que poco a poco fue acabando con los vestigios de la religión pagana, inaceptables a los ojos de los fieles cristianos. Uno de los episodios de este «acoso espiritual e intelectual» unió los destinos de la Academia fundada por el filósofo Platón en el siglo IV a. C. y los del rey Cosroes I.

En el año 529 el emperador Justiniano I prohibió a los paganos la enseñanza de la filosofía y del derecho en el Imperio bizantino, edicto que llevó al cierre de la Academia de Platón, la última institución de erudición pagana fundada hacía más de 900 años en Atenas. Sin embargo, este no fue el final de la actividad intelectual de sus últimos miembros, ya que sabemos que algunos de ellos, Damascio, su último director, y otros siete filósofos, entre ellos Simplicio y Prisciano Lydus, abandonaron el territorio bizantino en dirección a Persia y la corte de Cosroes I, donde fueron excelentemente recibidos. Aun así, parece que estos epígonos del pasado cultural pagano no se sintieron todo lo a gusto que esperaban en territorio sasánida, ya que tenemos noticias de que el propio gran rey negoció su regreso a territorio bizantino poco tiempo después, en una de las cláusulas del tratado de paz firmado con Justiniano en el año 532, que aseguraba a los filósofos exiliados su retorno sin temor a sufrir represalias, tras lo cual es posible que regresaran a la ciudad de Atenas, aunque también se ha defendido que algunos de ellos se asentaron en la región de Harrán, en Mesopotamia, donde se sabe de la existencia en el siglo X de una escuela platónica, posiblemente heredera de la actividad de Simplicio, Damascio y de sus otros compañeros.

Como era de esperar, el largo enfrentamiento entre sasánidas y bizantinos afectó, de una forma u otra, la tranquila existencia de regiones que, aunque relativamente lejanas, habían desarrollado amplios contactos con las cortes de Ctesifonte y Constantinopla.

Este era el caso del reino árabe himiarita, situado en el suroeste de la península arábiga (actual Yemen), donde Cosroes I logró expulsar a los etíopes, aliados bizantinos, e imponer como rey a un noble local, consiguiendo mantener toda la región y las estratégicas rutas comerciales que por ella pasaban bajo dominio persa hasta la llegada de los conquistadores musulmanes en el siglo VII.

La paz negociada con Bizancio a partir del año 556 y confirmada en el 561 permitió a Cosroes dirigir su mirada a otras regiones de su imperio, y más concretamente a la frontera nororiental, donde los heftalitas seguían llevando a cabo molestas actividades que perjudicaban el poderío persa. El monarca sasánida creyó llegado el momento, libres sus manos en Occidente, para intentar deshacerse definitivamente de sus enemigos orientales, que tan duro yugo habían representado para el Estado sasánida desde su aparición en el siglo V. Para ello contó con la colaboración de nuevos pueblos nómadas arribados a la zona y que no eran otros que los turcos. Estos, que habían creado un nuevo imperio en el año 552 en los territorios de Asia central y Mongolia, se habían convertido en incómodos vecinos de los heftalitas. Cosroes I no desaprovechó esta oportunidad para pactar una alianza militar con los turcos, liderados, ahora, por uno de sus jefes llamado Istemi, en un momento en el que los propios heftalitas estaban divididos por rencillas internas.

La ofensiva se llevó a cabo entre los años 557 y 558, cuya estrategia era la de atrapar a los heftalitas en un ataque en pinza entre las tropas turcas, que avanzaron por el norte y el ejército persa que progresaba desde el oeste. Los heftalitas se vieron incapaces de responder a un ataque combinado de tal calibre, por lo que fueron finalmente derrotados, muriendo su rey en el campo de batalla, una victoria que permitía, por fin, a los sasánidas liberarse de su cruel dominación. El territorio heftalita fue dividido entre los vencedores, apoderándose los persas del territorio al sur del río Oxus.

Poco iba a durar para Cosroes I el período de paz que había establecido a lo largo y ancho de su imperio, ya que en Occidente los acontecimientos se encaminaban hacia el estallido de una nueva conflagración militar. La muerte en Constantinopla de Justiniano I en el año 565 permitió el ascenso al trono de su sobrino Justino II (565-578), emperador que se caracterizó por un cambio en la dirección de la política llevada a cabo por su predecesor.

El nuevo enfrentamiento entre sasánidas y bizantinos se originó, como no podía ser de otra forma, en Armenia, donde la dirección de la política religiosa persa provocó nuevas tensiones. Justino II decidió aprovecharse de la situación de confusión en la zona para acabar con el pago anual debido los persas para la defensa de la zona del Cáucaso y aceptar la obediencia ofrecida a él por los armenios, hechos que fueron interpretados por Cosroes I como un acto de guerra.

Justino envió, en el año 572, un ejército a territorio sasánida con el propósito de tomar la disputada ciudad de Nisibis, objetivo que no fue logrado. La iniciativa pasó entonces a Cosroes I que puso sitio a la ciudad de Dara, emplazamiento que fue tomado tras cinco meses de asedio y cuya pérdida representaba un fuerte revés en el sistema defensivo bizantino. Tal fue el impacto en Constantinopla de la llegada de las noticias de la caída de la ciudad de Dara que acabó por perjudicar la salud mental del propio emperador, que ya no pudo recuperar la cordura, por lo que Tiberio II (578-582), jefe de la guardia de palacio y amigo íntimo de Justino, fue asociado al trono, haciéndose así con las riendas del imperio.

El enfrentamiento entre persas y armenios perduró hasta el año 578, en el cual Cosroes I concedió una amnistía general que devolvía Armenia a la soberanía sasánida. Poco después, en el año 579, se iniciaron negociaciones de paz entre persas y bizantinos, que no pudieron ser finalizadas antes de la muerte del propio Cosroes, acaecida en ese mismo año.

Durante los 48 años del reinado de Cosroes I el imperio sasánida alcanzó un gran esplendor que no sólo se manifestó en el campo militar sino que abarcó también otros ámbitos como el económico, el cultural o el arquitectónico, potenciando el monarca persa la construcción de gran número de ciudades, caravasares, puentes o carreteras. Cosroes también fomentó el desarrollo de los estudios, de la filosofía y del arte, destacando sobre todo durante su reinado el trabajo de la plata y de los metales. Al mismo tiempo, Cosroes dedicó amplios recursos económicos a mejorar y extender los sistemas de irrigación, lo que conllevó un aumento de las tierras cultivadas y, en general, de la población del imperio. Cosroes I es considerado, además, un monarca tolerante, ya que no se conoce ningún tipo de persecución religiosa durante su reinado.

A Cosroes I le sucedió su hijo Hormizd IV (579-590), fruto del matrimonio del monarca sasánida con una princesa turca. Las fuentes islámicas están divididas a la hora de juzgar el reinado de este monarca, ya que si algunos lo valoraron como un soberano justo y tolerante otros lo consideraron un tirano cruel. La razón de esta división de opiniones radica en la política que desarrolló el monarca persa, ya que si bien, como su padre, intentó mantener e incluso mejorar la situación de las clases más desfavorecidas, Hormizd se distinguió por la rigurosidad con la que trató a la nobleza y por su política de control sobre los magos zoroástricos.

Por su parte, el emperador bizantino Tiberio vio en la ascensión de Hormizd IV como nuevo monarca persa, una excelente ocasión para poner fin, de una vez por todas, al conflicto que enfrentaba ambos Estados. Sin embargo, Hormizd se negó a ello, ya que no se mostró dispuesto, entre otras razones, a entregar la estratégica ciudad de Dara, por lo que el conflicto en la frontera occidental persa se mantuvo a lo largo de todo su reinado, convirtiéndose en una carga pesada para ambos.

Este no fue el único peligro al que se enfrentó el soberano persa, ya que durante su reinado se produjeron incursiones de los árabes en el sur y de los pueblos jázaros en el norte. Aunque la mayor amenaza a la que tuvo que hacer frente el reino sasánida fue, sin duda alguna, la de los turcos.

Las relaciones entre estos y los persas, que en un principio habían sido amistosas, se tornaron hostiles con el paso de los años, debido a la proximidad territorial entre ellos y a las tensiones económicas y políticas que esta vecindad comportaba.

Ya en el año 568, una embajada turca se había dirigido a la ciudad de Constantinopla con el objetivo de proponer al emperador bizantino una alianza militar contra el enemigo común sasánida, proyecto que nunca llegó a materializarse. No desanimados por este fracaso diplomático, los turcos, que se habían convertido en el poder hegemónico en Asia central, iniciaron la invasión del territorio persa en el año 588. Según las fuentes chinas e iranias, el ejército turco estaba compuesto por entre 100.000 y 400.000 soldados, cifras que aunque no son otra cosa que una exageración, nos proporcionan una clara imagen de la superioridad numérica de las fuerzas turcas.

El alto mando persa decidió nombrar a Bahram Chobin, general de origen parto que se había distinguido en el campo de batalla durante el reinado de Cosroes I, como comandante en jefe de un ejército de 12.000 catafractos, a los que acompañaban soldados de infantería y elefantes de guerra. La batalla, que tuvo lugar en la región del Jorasán, finalizó con la aplastante victoria sasánida que permitió la expulsión de los turcos del territorio persa. Barham conquistó las ciudades de Balj y Herat y se atrevió, incluso, a cruzar el río Oxus, donde también desarrolló una notoria actividad militar, que devolvió a los sasánidas el control de amplias regiones de Asia central.

El espectacular éxito de Bahram Chobin no consiguió otra cosa que acrecentar el recelo del rey Hormizd ante sus proezas militares, hecho que llevó pronto al deterioro de la relación entre ambos. Bahram fue rápidamente destinado a la frontera occidental del reino persa, donde se enfrentó primero a las incursiones de los jázaros y más tarde al ejército bizantino. Por desgracia para Bahram, el experimentado general no pudo repetir en este escenario los éxitos que había alcanzado en Oriente, siendo, incluso, derrotado por las tropas bizantinas en Armenia, ocasión aprovechada imprudentemente por Hormizd para insultar a su general, al que envió como regalo un vestido de mujer, como mofa ante sus últimas derrotas.

El innoble trato con el que el Hormizd IV obsequió a su general le jugaría una mala pasada, ya que en breve las tropas de Bahram respaldaron a su comandante, al que incluso llegaron a nombrar rey, un tremendo golpe político e ideológico para el soberano persa, ya que Barham Chobin no pertenecía a la dinastía sasánida sino que, muy al contrario, era miembro de una de las más importantes familias de origen parto.

La irresponsable actitud del monarca persa y su despiadada política desplegada en contra de la nobleza y los sacerdotes zoroastrios se volvieron, entonces, en su contra, dejándolo solo ante la amenaza constituida por el rebelde Barham. En breve una rebelión de los nobles estalló en la propia Ctesifonte. Hormizd fue arrestado, cegado y poco más tarde asesinado, mientras que su hijo, llamado Cosroes, fue elevado al trono en febrero del año 590.

La ascensión del nuevo monarca no acabó con la ambición de Barham Chobin, que mantuvo sus aspiraciones regias, para lo que decidió dirigirse con su ejército hacia la propia Ctesifonte. El joven Cosroes intentó en vano llegar a un acuerdo con el rebelde, ofreciéndole el perdón y la concesión de un alto cargo en el imperio. El monarca sasánida, consciente de la debilidad de su situación, acabó huyendo a territorio bizantino, hecho que permitió a Bahram Chobin hacerse con el trono persa.

Pero Cosroes no estaba dispuesto a dejar escapar tan fácilmente de entre sus manos la corona sasánida. Así pues, el destronado rey envió una misiva al emperador Mauricio, que había sucedido a Tiberio en el año 582, solicitándole su apoyo y asistencia para recuperar un reino que por legitimidad dinástica le pertenecía. Bahram, intranquilo ante el cariz que estaban tomando los acontecimientos, envió también emisarios a la corte bizantina. Ambos pretendientes rivalizaron, entonces, para obtener el apoyo de Constantinopla.

Mauricio se decantó, finalmente, por ofrecer su ayuda al joven Cosroes, aunque, y como era de esperar, esta implicaba un alto coste. El príncipe sasánida debía entregar a Bizancio las ciudades de Dara y Martirópolis, parte de Armenia y redimir a los bizantinos del pago del tributo por la defensa de los pasos del Cáucaso. A cambio de ello Cosroes recibiría las tropas y el oro con el que financiar su campaña. De esta forma Cosroes inició, en la primavera del año 591, la marcha para recuperar la corona persa, produciéndose, así, una

LA VERA CRUZ. LA GRAN RELIQUIA CRISTIANA EN MANOS DE COSROES II

Las campañas militares que Cosroes II llevó a cabo contra los bizantinos a partir del año 602 no sólo permitieron al rey de reyes conquistar amplios territorios, sino también apoderarse de la Vera Cruz, una de las reliquias más importantes de la cristiandad y una de las que más misterio y enigmas ha suscitado a lo largo de la historia.

Según la leyenda, la Vera Cruz, en la que fue crucificado Jesucristo, fue hallada, allá por el año 326, por Helena, la madre del emperador Constantino Magno, en la ciudad de Jerusalén. Una vez descubierta la gran reliquia fue depositada en la Basílica del Santo Sepulcro, construida allí poco después.

Esta situación se mantuvo hasta la toma de Jerusalén por parte de las tropas de Cosroes II en el año 614. Los persas deportaron a gran parte de la población de la ciudad, destruyeron sus principales iglesias y se apoderaron de la Vera Cruz, que fue transportada a Ctesifonte como trofeo de guerra.

El saqueo de tan valiosa reliquia representó un golpe terrible para la población cristiana bizantina y para la Iglesia, que no dudó en entregar al emperador Heraclio grandes cantidades de oro con las que costear el contraataque imperial. Este se inició ocho años más tarde, tras largos preparativos, y llevó al emperador bizantino a derrotar totalmente a los persas en el año 628. Una de las cláusulas de la paz firmada ese mismo año establecía el retorno de la Vera Cruz a Bizancio, lo que permitió a Heraclio devolver, en el año 630, a Jerusalén, en medio del júbilo popular, su preciada reliquia, un acto solemne que simbolizaba la definitiva victoria cristiana sobre los reyes sasánidas.

Santa Helena y Heraclio retornando la Vera Cruz a Jerusalén, de Martín Bernat, pintor español del s. XV. Muestra la entrega de la reliquia a la ciudad santa tras la derrota de Cosroes II.

situación nunca antes vista, en la que las fuerzas bizantinas y las sasánidas dejaban su enfrentamiento a un lado para luchar de forma conjunta en pos de un objetivo común.

El avance de Cosroes no pudo ser detenido por las fuerzas leales a Bahram, que fueron derrotadas en Armenia. Este último se vio obligado a retirarse hacia Oriente y a buscar refugio entre los turcos, siendo más tarde asesinado, seguramente a instancias del propio Cosroes, que no podía permitir la supervivencia de un rival tan poderoso.

La desaparición de Barham Chobin permitió a Cosroes II (590-628) recuperar la corona persa. El monarca sasánida intentó pronto poner orden en sus posesiones y reparar su imagen pública, ya que no sólo se le acusaba de ser el asesino de su propio padre, sino también de haber cedido amplios territorios al enemigo bizantino.

En el año 602 el monarca sasánida decidió acabar con la autonomía de que disfrutaban los árabes lajmidas, aliados de los persas en el control de la frontera suroriental con Arabia, por lo que apresó a Numan III, el último rey lajmida, que murió en cautiverio poco después y que fue sustituido por el jefe de otra tribu árabe cristianizada, que gobernaría a partir de ahora junto a la figura de un gobernador persa.

Mientras tanto, nuevos acontecimientos en Constantinopla auguraban el final de las buenas relaciones que mantenían Bizancio y Persia desde la ascensión al trono sasánida de Cosroes. En el mismo año 602 las tropas bizantinas estacionadas en los Balcanes se rebelaron contra la autoridad de Mauricio, nombrando emperador a un oficial del ejército llamado Nicéforo Focas (602-610), alzamiento que se saldó con la vida de Mauricio, de cinco de sus hijos y de su hermano.

Focas envió emisarios a la corte persa para asegurar su reconocimiento por parte del monarca sasánida, a lo que este se negó, haciendo encarcelar a los enviados bizantinos. Los hechos consumados en Constantinopla fueron el pretexto de Cosroes para iniciar una nueva campaña militar contra Bizancio, con lo que daba inicio el último gran enfrentamiento que se produciría entre ambos Estados.

El soberano persa inició la actividad militar enviando un ejército hacia la ciudad de Edesa, donde se había refugiado Narsés, uno de los generales bizantinos contrarios a Focas y que había ayudado a Cosroes a recuperar el trono persa en el año 591. El ejército sasánida derrotó a las fuerzas de Focas e inició el sitio de la ciudad de Dara, que fue tomada tras un largo asedio de nueve meses. La derrota de un nuevo ejército enemigo a manos de los persas convenció a Cosroes de que había llegado el momento de abandonar la guerra de frontera y apostarlo todo en una campaña general de conquista en territorio bizantino, aprovechándose de la debilidad y la división manifiesta en el bando enemigo.

Una a una fueron cayendo la ciudades y fortalezas bizantinas mientras que las tropas sasánidas avanzaban invictas cada vez más hacia el interior de territorio bizantino. Tomadas Mesopotamia y la Armenia romana, la ofensiva persa continuó en dirección a Capadocia y Siria, territorios indefensos, ahora, ante el progreso sasánida.

La situación en Constantinopla no podía ser más caótica, pues al avance persa se sumaban los conflictos y las rebeliones internas contra el gobierno de Focas. Una de estas revueltas se produjo en África, dirigida por Heraclio, el exarca o gobernador de Cartago, territorio reconquistado por el Imperio bizantino durante el reinado del emperador Justiniano I. Su hijo, también llamado Heraclio, llevó a cabo toda una serie de movimientos para asegurar el éxito de su rebelión, que le encaminaron, finalmente, hacia Constantinopla, donde venció a Focas, al que hizo asesinar.

El nuevo emperador bizantino intentó llegar a un acuerdo de paz con Cosroes, tentativa que fue desatendida por el rey de reyes. Así pues, el avance persa continuó por Anatolia, Siria y Judea, donde fueron tomadas las ciudades de Damasco, Tarso, Antioquía Apamea y Emesa. La ciudad de Jerusalén no pudo, tampoco, evitar su captura por parte de las tropas sasánidas, que se produjo en el año 614, tras veinte días de asedio.

Por su parte, el avance en Asia Menor llevó a los persas a apoderarse, entre otras, de las ciudades de Cesarea, Melitene y Calcedonia, éxito este último que situaba a las tropas sasánidas justo enfrente, en la otra orilla de la ciudad de Constantinopla, de la que sólo los separaba el mar Bósforo, victoria inigualada a lo largo de toda la historia de los monarcas sasánidas.

Placa decorativa de una cruz litúrgica que muestra al
emperador Heraclio recibiendo la sumisión del rey
sasánida Cosroes II. La guerra llevada a cabo entre ambos
monarcas representó el último enfrentamiento militar
entre persas y bizantinos. Museo del Louvre, París.

Las desgracias para Heraclio no acabaron aquí,
pues en el año 619 el ejército de Cosroes inició la
conquista de Egipto, apoderándose de esta provincia
estratégica para Bizancio en el año 621. Cosroes II
conseguía, de esta forma, extender el dominio sasánida por todos aquellos territorios que, en el pasado,
habían poseído sus predecesores aqueménidas. Los
ejércitos persas campeaban así por las ricas riberas
del Nilo, las fértiles tierras de Anatolia y Siria y por
las montañosas regiones del Cáucaso, atreviéndose,
incluso, sus navíos a surcar las aguas del Mediterráneo.

Los turcos, humillados aún por su última derrota
a manos de Barham Chobin treinta años antes, aprovecharon los gigantescos esfuerzos destinados por
Cosroes en su enfrentamiento contra Bizancio para
iniciar una nueva invasión de la región del Jorasán,

justo en el mismo año en que las tropas persas iniciaban la conquista de Egipto.

Cosroes respondió rápidamente ante la renovada amenaza turca y envió un contingente de 2.000 catafractos dirigidos por el general armenio Smbat Bagratuni. La respuesta sasánida fue más que contundente, pues a una primera victoria persa en el Jorasán, cerca de la ciudad de Tus, se sumó la derrota total de los turcos en Asia central que, según las fuentes armenias, sumaban unos 300.000 hombres, y la muerte del propio *jan* turco. Una severa lección que mantendría a estos pueblos nómadas tranquilos hasta la llegada de los invasores musulmanes a la zona.

Por su parte, el estado bizantino sufría el peor momento de su historia desde la fundación de Constantinopla en el año 330, llegando incluso a parecer cercana su desaparición como estado organizado, debido a la amenaza que padecía por parte de los persas en Oriente y de los ávaros en los dominios imperiales en Europa. Aunque el presente se mostraba cruel y penoso para los bizantinos, sería a partir de este momento cuando la fortuna se aliaría con ellos en contra de los sasánidas, que en breve tendrían que padecer el enérgico contraataque que permitiría al emperador Heraclio no sólo detener el avance persa, sino también invadir el propio corazón del imperio sasánida.

Heraclio inició bien pronto un programa de reformas que le permitieron mejorar la administración bizantina y llevar a cabo amplios preparativos militares. En su financiación la Iglesia bizantina tuvo un papel indiscutible, ya que el patriarca de Constantinopla entregó al emperador gran parte del oro que esta poseía para financiar la reconquista militar del imperio, que no por otra razón ha sido considerada, por parte de algunos historiadores, como la primera cruzada o batalla de carácter medieval, ya que en ella jugó un papel muy importante el orgullo religioso cristiano ofendido por los éxitos de Cosroes II.

Así pues, tras años de preparativos, el emperador bizantino inició una nueva ofensiva contra los persas en Anatolia, que le permitió conseguir, en el año 622, una primera victoria ante las tropas sasánidas. En el año 624 Heraclio se dirigió con su ejército hacia Armenia, desde donde avanzó hacia la región de Atropatene. Los enfrentamientos entre persas y bizantinos se multiplicaron durante los años siguientes, llegando Heraclio a derrotar a tres ejércitos sasánidas durante el año 625.

Cosroes II, que no estaba dispuesto a llegar a ningún acuerdo con Heraclio, decidió atacar a su terco enemigo en la base de sus dominios, en la propia Constantinopla. Para ello llegó a un acuerdo con el *jan* ávaro con la intención de iniciar un ataque conjunto sobre la capital bizantina. Cosroes envió así en el año 626 dos ejércitos con el objetivo de alcanzar la costa occidental de Anatolia y asediar desde allí Constantinopla. No obstante, aunque la ciudad sufrió un poderoso ataque por parte de los ávaros, la flota bizantina impidió la unión de los dos ejércitos enemigos, con lo que se evitó la toma de la ciudad.

Mientras tanto, Heraclio continuaba luchando en la región del Cáucaso, donde consiguió la alianza de los jázaros. Con esta ayuda el emperador bizantino avanzó de nuevo hacia el sur en el año 627 con un ejército que contaba con unos 70.000 hombres, al que se sumaban sus nuevos aliados nómadas. La retirada de estos poco después no detuvo a Heraclio, que consiguió derrotar a un nuevo ejército sasánida, el último obstáculo ya que lo separaba de Ctesifonte.

Heraclio avanzó finalmente hasta las puertas de la capital persa, donde Cosroes, totalmente derrotado, se había refugiado. Sin embargo, el emperador bizantino no intentó tomar la ciudad, sino que se retiró de nuevo hacia el norte, ofreciendo una última oportunidad de alcanzar la paz al rey sasánida, oferta que, por enésima vez, este rechazó.

Por desgracia para Cosroes, la paciencia y el temor de los nobles y generales persas que le acompañaban en la capital se agotó ante las derrotas militares del soberano y su nueva negativa a aceptar la paz. En breve se produjo un alzamiento en palacio liderado por veintidós nobles y sacerdotes zoroastrios, que prendieron a Cosroes y nombraron rey a su hijo Kavad II.

El relato de la muerte de Cosroes II nos descubre la crueldad con la que fue tratado el gran conquistador sasánida. Según parece, Kavad, su propio hijo, encerró a Cosroes en una mazmorra obligando al depuesto rey a presenciar la ejecución de varios de sus familiares, entre ellos la del hijo al que había nombrado sucesor al trono. Poco después el propio Cosroes fue torturado y ejecutado, hecho que acabó con el reinado del que es, seguramente, uno de los reyes sasánidas más importantes y famosos de la historia.

Una de las primeras decisiones que tomó Kavad II fue la de obtener la paz con Heraclio, objetivo que consiguió en el mismo año 628, en el que ambos soberanos firmaron un nuevo acuerdo. Heraclio demostró en sus condiciones de paz que no buscaba la revancha política, ya que tan sólo propuso el regreso a la situación anterior al estallido de la guerra. Los persas se retirarían del territorio bizantino ocupado que incluía Egipto, Judea, Siria, Asia Menor y la Mesopotamia occidental, al mismo tiempo que ambos estados liberarían a los prisioneros capturados durante el conflicto. Finalmente Heraclio exigía, como condición irrenunciable, el retorno de la Vera Cruz y de otras reliquias que habían sido saqueadas por los persas a lo largo de todo el período bélico.

Finalizaba así el último conflicto entre persas y bizantinos que según los historiadores supuso la muerte, durante los veintiséis años de enfrentamiento armado, de unos 400.000 soldados y oficiales, 200.000 por cada bando, un alto coste en vidas y en eficiencia militar que se dejaría notar poco después, en el momento del inicio de la expansión musulmana.

Pero el reinado de Cosroes II no sólo significó violencia y guerra. Bajo su mandato Persia experimentó una nueva expansión artística y arquitectónica. El monarca sasánida llevó a cabo la reconstrucción de numerosas ciudades y reparó y construyó nuevos canales de irrigación que trajeron consigo una mejora en la agricultura.

De su actividad arquitectónica destacan la construcción de palacios, como el de Dastagird, situado varias decenas de kilómetros al norte de Ctesifonte, o el de Qasr-i-Shirin, en la actual provincia iraní de Kermanshah. Fue también durante su reinado cuando la fabricación de vestiduras de seda alcanzó un altísimo nivel. Las fuentes nos indican que Cosroes II amasó una enorme fortuna de la cual es fiel testimonio la decoración de sus palacios y el lujo de su corte. El monarca persa ejerció un gran patronazgo sobre la poesía y la música y parece que, asimismo, potenció el desarrollo de la codificación del Avesta. Fue además un rey tolerante, sobre todo con el cristianismo, ya que dos de sus esposas fueron cristianas. Aun así, y como fiel zoroastrio, Cosroes también fomentó la construcción de templos y altares dedicados al fuego.

El final de los persas.
La derrota frente al Islam

Como no podía ser de otra forma, el violento final de Cosroes II no condujo nada más que al inicio de un período de amplios conflictos internos en el reino sasánida. Durante el breve reinado de menos de un año de su hijo, Kavad II demostró una gran crueldad al asesinar a treinta de sus hermanos, un fratricidio que nos hace recordar los peores tiempos de la dominación arsácida en Oriente.

Kavad II murió asesinado o bien como consecuencia de una plaga de peste, por lo que le sucedió su hijo Ardashir III (628-630) aún menor de edad. Esta solución no fue del agrado de Shahrbaraz, antiguo general de Cosroes II, que, con el apoyo bizantino, se hizo con el poder en Ctesifonte en el año 630, acabando con la vida del joven Ardashir. Shahrbaraz había mantenido amplios contactos con Bizancio y con la cultura bizantina por lo que se cree, incluso, que podría haber sido cristiano. Durante su reinado, que no duró más de dos meses, Persia tuvo que hacer frente a una nueva invasión de Armenia por parte de los jázaros, a los que consiguió finalmente vencer.

Para legitimar algo más su posición, Shahrbaraz se casó con Azar, hermana del rey Kavad II, matrimonio que, sin embargo, no le permitió mantenerse durante demasiado tiempo en el trono. Shahrbaraz fue pronto asesinado, lo que dio paso al nombramiento de forma consecutiva de dos reinas sasánidas, Boran (630-631) y Azar (631), un hecho inaudito en la historia de Persia.

Aunque sus reinados fueron breves significaron un período de consolidación del reino sasánida, aunque no por ello dejaron de aparecer pretendientes al trono. Hasta el año 633 Yazdagird III (633-651) no fue nombrado nuevo monarca, pasando a la historia como el último de los reyes persas.

Al nuevo soberano le convencieron los nobles y sacerdotes persas de que asumiera la corona, aunque ya no dispondría del tiempo suficiente con el que preparar a su reino para hacer frente al último desafío que acabaría con su existencia, un feroz enemigo que no provendría ni del norte, ni del este ni del oeste, sino del sur, y que acabaría transformando completamente la configuración del Oriente antiguo.

El imperio sasánida no pasaba, ni mucho menos, por el mejor de sus momentos. Extenuado por el inmenso esfuerzo malbaratado en el enfrentamiento contra Bizancio, atravesaba una lamentable situación política, militar, social y económica, de la cual no había sabido sobreponerse a pesar de las amplias y acertadas reformas llevadas a cabo por Cosroes I.

Mientras tanto, en Arabia se habían producido grandes transformaciones que iban a cambiar el curso de la historia para siempre. Allí el profeta Mahoma (570/571-632) había predicado una nueva religión, el islam, que en breve lograría unificar política y religiosamente la península arábiga, paso previo al inicio de la expansión musulmana por los territorios vecinos.

El potencial peligro árabe ya se había dejado notar en la frontera sur del territorio persa en el año 610, durante el reinado del propio Cosroes II, cuando tropas árabes y sasánidas se enfrentaron en Dhu Qar, cerca de la ciudad de Kufa, en el sur del actual Iraq. De este encuentro armado salieron vencedores los primeros, una señal de la debilidad de las fronteras sasánidas y un aviso de la fuerza que podía desplegar el mundo árabe.

Hacia el año 630, los musulmanes se impusieron en el reino himiarita, y poco después, en el año 633, ocuparon Hira, haciéndose así con el territorio dominado en el pasado por los lajmidas. En breve y una vez conseguida la unificación política y religiosa de Arabia bajo Mahoma y sus inmediatos sucesores, los primeros califas musulmanes iniciaron la expansión territorial fuera de la península arábiga.

En el año 634, bajo el reinado del califa Abu Bakr, persas y árabes se enfrentaron en la conocida como batalla de los puentes, sobre el río Éufrates, que se convertiría en la última de las victorias sasánidas ante los invasores musulmanes. Aun así, esta derrota no detuvo el imparable avance árabe, ya que en noviembre del año 636 un nuevo ejército musulmán se enfrentó a los persas en la batalla de Qadisiyyah, cerca también de la actual ciudad de Kufa. La dura batalla se prolongó durante cuatro días, en el último de los cuales, a pesar de que los persas, dirigidos por el general Rustam, parecía que estaban cerca de alcanzar la victoria, fueron golpeados en su avance por una violenta tormenta de arena, lo que permitió a las tropas árabes hacerse finalmente con la victoria.

Una vez despejada la vía de entrada hacia Mesopotamia, los ejércitos árabes tardaron poco tiempo en presentarse ante las puertas de la capital, Ctesifonte, que sitiaron en el año 637. La ciudad, abandonada por el ejército sasánida, que se estaba reorganizando en la zona montañosa del Kurdistán y del Azerbaiyán, mantuvo un heroico asedio, que no le evitó caer en manos enemigas en ese mismo año, siendo presa de un descomunal saqueo, lo que supuso un duro golpe moral y político para la población irania.

En abril del mismo año 637 se produjo la contraofensiva militar persa cerca de la actual ciudad de Jalula, en el noroeste de Iraq, dirigida por el propio rey Yazdagird III, la cual se mostró totalmente ineficaz contra el irresistible avance musulmán. Del supuesto ejército de 120.000 soldados persas dispuesto en el campo de batalla, 100.000 perecieron según las fuentes árabes, dejando de nuevo a los contingentes musulmanes con la victoria en el campo de batalla.

El último intento sasánida por derrotar a los invasores musulmanes se produjo en el año 642 en la batalla de Nihavand, en la región de Media. Allí las tropas persas, que según las fuentes árabes ascendían a la exorbitante cifra de 150.000 hombres, se enfrentaron a un ejército de 100.000 soldados árabes. De nuevo y por última vez el rey Yazdegird fue incapaz de alzarse con la victoria, hecho que condenó a la desaparición al reino sasánida.

La derrota de Nihavand dejó las puertas abiertas a los invasores árabes para llevar a cabo la conquista del resto del territorio persa que, poco a poco, fue cayendo en sus manos, aunque en algunas regiones iranias la resistencia tardaría alrededor de 200 años en ser totalmente vencida.

Yazdegird III no se dio fácilmente por vencido y continuó la lucha en un intento desesperado para organizar algún tipo de resistencia ante el avance musulmán. Nuevamente derrotado, se retiró hacia Oriente, donde murió en el año 651 en la ciudad de Merv, según la tradición a manos de un molinero que no reconoció en la persona de Yazdegird la presencia del último de los monarcas persas.

La expansión musulmana, sin embargo, no acabó allí, sino que se extendió también hacia Occidente, donde el Imperio bizantino, como su vecino el reino sasánida, se vio incapaz de ponerle freno, perdiendo en su favor los extensos y ricos territorios de Siria, Judea, Egipto y el norte de África. Esta última región sería utilizada como trampolín para la conquista de Europa, donde la fe musulmana se apoderó, en el siglo VIII, del territorio de la Península Ibérica y de una pequeña franja del sur de Francia. Para muchos historiadores finalizaba así la Edad Antigua, que daba paso a una nueva etapa, la medieval, que estaría protagonizada desde su inicio por el enfrentamiento político, religioso y cultural entre dos religiones, la cristiana y la musulmana.

Organización y administración del reino sasánida. Sociedad, religión y economía

El Estado sasánida estaba organizado, siguiendo las huellas de sus predecesores aqueménida y arsácida, como una monarquía de carácter absoluto, donde el rey era la máxima autoridad política, legislaba y dirigía el ejército en combate, estando su autoridad tan sólo condicionada por el poder que acumulaban los nobles y sacerdotes persas.

Fue en época sasánida la primera vez en la que los monarcas persas se vincularon, en su imagen pública, directamente con las divinidades zoroástricas, no considerándose ellos mismos sólo instrumentos elegidos por estas, o más concretamente por Ahura Mazda, para gobernar, sino pertenecientes a un linaje familiar que provenía de los propios dioses. Fueron también los sasánidas los monarcas que utilizaron por primera vez el título de 'rey de reyes de los iranios y los no iranios' (en persa, *Sahan sah eran ud Aneran*), una nueva dignidad que les permitía aspirar al dominio de todos los habitantes de su imperio, ya fueran estos de origen iranio o no, género, este último, que incluía a griegos, romanos o judíos.

La realeza sasánida se expresaba en la ceremonia de la corte, en los rituales religiosos, en los banquetes y en las cacerías. En estas últimas el monarca debía demostrar su entereza y su dominio de la equitación, del uso del arco y de la jabalina.

Por lo que respecta a la procedencia de los monarcas sasánidas, la gran mayoría de ellos provinieron, como en el caso de los reyes partos, de una única dinastía, la de los descendientes de Sasán, un vínculo familiar que proporcionaba legitimidad al nombramiento de los nuevos soberanos. Estos, además, estaban favorecidos por la posesión de la *khvarrah* o gracia divina, que los convertía en los únicos con los requerimientos necesarios para gobernar. La primogenitura era también, en esta época, el criterio fundamental para la elección de un nuevo soberano, aunque otros méritos, como su idoneidad o las preferencias del propio monarca reinante, podían hacer decidir el nombramiento como sucesor de otro candidato al trono. Si bien, cuando esto pasaba, solía provocar enfrentamien-

Relieve de Naqsh-e Rostam que muestra al monarca Ardashir I recibiendo el *farr* o poder divino de manos del dios Ahura Mazda. La figura que aparece abatida bajo las patas de su caballo pertenece al rey parto Artabano IV.

tos entre los diversos pretendientes o entre las facciones nobiliarias y la jerarquía sacerdotal zoroástrica.

La investidura de los nuevos monarcas se realizaba, siguiendo las costumbres arsácidas, en presencia de la nobleza. Una de las innovaciones de esta ceremonia durante el período sasánida fue que era el sumo sacerdote zoroástrico o *mowbed* el encargado de coronar al nuevo soberano. Aunque no se sabe con seguridad dónde se celebraba la ceremonia de coronación, se ha apuntado la posibilidad de que esta se llevara a cabo en la ciudad de Ctesifonte, aunque también se ha sugerido Istakhr, la población natal de los sasánidas, como el posible lugar elegido para coronar a los nuevos monarcas.

Uno de los cometidos de los reyes persas era el de luchar contra el caos y la consolidación del orden en la tierra, a imagen y semejanza de las gestas del dios

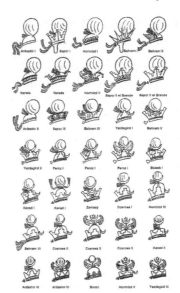

Cada monarca sasánida disponía de sus propias coronas personalizadas, las cuales se han identificado a través de monedas y relieves.

Ahura Mazda, que había establecido el equilibrio en el mundo luchando contra el caos inicial. Esta nueva vinculación entre el soberano sasánida y el sumo dios iranio la hallamos manifiesta en diversos relieves como el erigido por Ardashir en Naqsh-e Rostam, que nos muestra al monarca sasánida recibiendo el poder, simbolizado en un anillo o aro, de manos del dios iranio, representados ambos montados a caballo.

El hecho de que cada monarca poseyera una corona propia e identificativa, diseñada de acuerdo con su gusto personal y de las que conocemos cerca de un centenar, ha permitido a los historiadores reconocer, las más de las veces, a estos soberanos en sus representaciones en monedas, relieves o en vajilla. Uno de los elementos más característicos de estas coronas era el elemento circular que sobresalía en su parte superior, que estaba inspirado en la tradición oriental de recoger el cabello del monarca y sujetarlo con un paño de seda. El cabello recogido fue más tarde reemplazado por esta pieza de forma esférica, que simbolizaba el poder, la tierra y el sol. Con el paso del tiempo el diseño de las coronas reales se fue haciendo cada vez más complejo, sumando a la decoración estrellas, alas, lunas crecientes o almenas.

El acceso al monarca, como en épocas anteriores, estaba normalmente vedado y sólo los altos cargos y los asistentes personales estaban admitidos ante su presencia. Cuando otras personas accedían al rey este siempre se mantenía oculto tras unas cortinas, escondido a los ojos de la gente común, lo que no era inconveniente para mostrarle respeto postrándose ante él, una práctica extendida también en las cortes bizantina y china.

Por desgracia para nosotros aún no se ha hallado ninguna necrópolis de los reyes sasánidas, por lo que se cree que sus cuerpos debían de ser expuestos, tras lo cual tan sólo sus restos serían enterrados en algún osario, seguramente en las cercanías de las ciudades de Ctesifonte o Istakhr.

Aunque los reyes sasánidas se consideraban a sí mismos los legítimos sucesores de los soberanos aqueménidas, en lo que respecta a la organización política y a la administración de su imperio, fueron fieles herederos de los monarcas partos, a los que ellos mismos habían suplantado en el poder. Así, por ejemplo, sabemos que parte del territorio bajo soberanía sasánida estaba dividido, siguiendo el modelo arsácida, en reinos vasallos gobernados por hijos y hermanos del soberano persa o por otros miembros de la familia real, organización que permitía, al menos teóricamente, asegurar su lealtad. Estos reinos dependientes estaban situados, principalmente, en regiones fronterizas y estaban obligados a guardar fidelidad al monarca persa y a ofrecerle apoyo militar.

Junto a estos reinos también existían provincias llamadas *shahr*, gobernadas por el *shahrab* o sátrapa, de las que conocemos siete, situadas todas en la zona occidental del imperio, y que no son otras que Fars, Pahlav, Juzestán, Asorestán, Mesun, Nod Ardaxsiragan y Adurbadagan, aunque posiblemente existirían más. Estas provincias se establecerían, seguramente, en los territorios donde en época parta no existía otro tipo de gobierno que el directamente ejercido por el monarca o en los territorios conquistados por los sasánidas por primera vez.

El *shahrab* gobernaba la provincia junto al *amargar* o tesorero, que se ocupaba de los asuntos fiscales y de los impuestos, y el *ostandar*, encargado de los temas relacionados con los dominios y propiedades reales. Por otra parte, los jueces o *dadwaran* administraban la justicia en los casos civiles y sus miembros eran extraídos de las filas de los sacerdotes.

Gracias a la inscripción conocida como *Res Gestae Divi Saporis* tenemos información de los territorios donde gobernaba el monarca Sapor I, entre los que se hallaban Persia, Partia, Juzestán, Caracena, Asiria, Adiabene, Arabia, Azerbaiyán, Armenia, la Iberia y la Albania caucásicas, Segán, Balasakán, las montañas del Cáucaso y las Puertas de Albania, la cordillera de Pareshwar (cordillera de los Elburz), Media, Gurgan, Merv, Herat, Carmania, Sistán, Turán, Makrán, Paradene, la India, el territorio de los kushanos hasta Peshawar y Kashgar, Sogdiana, las montañas de Tashkent y Omán.

Desde muy pronto los reyes sasánidas se proclamaron herederos del imperio aqueménida y de la totalidad de los territorios dominados por ellos, que incluían las regiones de Siria, Egipto y Asia Menor. Esta reclamación sería, a lo largo de todo este período, uno de los motivos que enfrentaría a los persas con los romanos primero y con los bizantinos después, y junto con los ataques heftalitas en Oriente, uno de los mayores elementos de desestabilización del Estado sasánida.

En la corte el cargo más importante después del rey era el de *bidaxs*, una especie de vicecanciller o gran visir, dignidad ocupada normalmente por un miembro de la familia real. Otros altos cargos allí eran el de *argbed*, al parecer de algunos el comandante de una fortaleza o según otros el responsable a nivel estatal de la recaudación de los tributos; el *zendanig*, oficial encargado de la *gilkard* o «prisión estatal», localizada en la región de Juzestán; el *hazaruft*, o jefe de los guardias del rey, que estaba a su vez auxiliado por el *salar-i-darigan* o comandante de los guardias de palacio, y el *dibirbed* o jefe de los escribas.

Algunos miembros de la nobleza actuaban como consejeros del monarca en palacio y poseían el privilegio de comer en la mesa del rey. Como en época arsácida, estos nobles, que disponían de un acceso privilegiado al monarca, vestían ropajes y mostraban distintivos que los diferenciaban del resto de la nobleza e identificaban su persona y su cargo.

Por lo que respecta a la nobleza sabemos que este estamento no sólo incluía a miembros de la aristocracia persa, sino también a los representantes de las grandes familias partas, que se habían aliado desde un primer momento con los reyes sasánidas, y entre las que destacaban los Surena, los Karin, los Varaz o los Andegan.

Así pues, la clase nobiliaria estaba organizada jerárquicamente en cuatro grupos, el primero de los cuales era el formado por los *shahrdaran*, que incluía a los hijos del rey y a los dinastas y reyes locales. Estos eran seguidos en preeminencia por los *vaspuhragan*, los miembros de la dinastía sasánida que no eran descendientes directos del soberano persa; los *vuzurgan* o «grandes», que eran los representantes de las más importantes familias nobles del imperio y, finalmente los *azadan*, el resto de la nobleza irania. Los distintivos que diferenciaban a los miembros de la aristocracia eran la tiara y el uso de ciertos colores en sus vestiduras, junto al empleo de diversos símbolos de carácter heráldico, como cinturones decorados con joyas, o pendientes.

Los nobles sasánidas heredaron de sus predecesores arsácidas su poderío económico y su preponderancia política, que compartirían en adelante con los sacerdotes zoroastrios, y que hicieron patentes cuando los monarcas desdeñaron sus intereses o cuando se produjeron disputas dinásticas entre los miembros de la dinastía reinante. Así, pues, y como en época anterior, la nobleza sasánida tuvo mucho que decir en relación con el nombramiento y sobre todo, con el desarrollo del gobierno de los soberanos persas.

Ya en tiempos más avanzados, durante el reinado de Cosroes I en el siglo VI, se llevaron a cabo amplias reformas que posibilitaron la creación de un nuevo grupo social, el de los caballeros o *dehkan*, miembros de la baja nobleza a los que, como ya sabemos, el rey persa proporcionó tierras, recursos y el equipamiento militar necesario para poder desarrollar sus obligaciones militares. Este nuevo estamento social, que debía su posición enteramente a la voluntad del monarca, se convertiría, en breve, en su más fiel valedor, y en un válido contrapeso al creciente poder de la alta aristocracia.

Poseemos poca información sobre las capas medias de la población persa que estaría constituida por oficiales inferiores del estado y por parte de la población ciudadana, compuesta esta última por artesanos, artistas, comerciantes y otros especialistas como médicos, astrónomos, científicos, músicos o sirvientes de la corte real y de las propiedades de la nobleza.

JUSTINIANO, LA SEDA Y EL ESPIONAJE EN ÉPOCA SASÁNIDA

Si buscáramos el origen de prácticas que nos parecen hoy en día tan modernas como el «espionaje industrial» o la competitividad comercial, nos tendríamos que retrotraer, seguramente, muy atrás en la historia, a un momento en el que el comercio y el beneficio que este producía podían ser considerados capitales no sólo para los comerciantes sino también para los Estados.

Este es el caso del comercio de la seda. Si bien esta ya se conocía y se trabajaba en China desde mediados del tercer milenio antes de Cristo e incluso antes, los emperadores chinos se esforzaron bien pronto en mantener en secreto su origen y su técnica de elaboración. Con el paso del tiempo los persas consiguieron establecerse como los intermediarios obligados y costosos entre la producción de seda china y sus compradores griegos, romanos y posteriormente bizantinos.

Esta situación, sin embargo, finalizaría con la llegada al trono de Constantinopla de Justiniano I, emperador que veía con gran aversión la ingente suma de recursos económicos que abandonaban su imperio para hacer frente al pago de las grandes cantidades de seda y de prendas con ella confeccionadas que se adquirían en la frontera con el reino sasánida, y que, además, beneficiaban, con mucho, a sus enemigos persas.

Procopio nos informa de que en el año 550 o en el 551 Justiniano recibió en audiencia a dos monjes nestorianos que habían vivido en territorio chino y que aseguraban ser conocedores del misterio que rodeaba la producción de la seda. Los monjes le garantizaron, además, que eran capaces de traer a Bizancio los huevos de gusano que producían esta materia, permitiendo así ganar la partida comercial a los odiosos persas.

Entusiasmado con tan buenas noticias el emperador urgió a los dos monjes para que volvieran a territorio chino y cumplieran con hechos las palabras que manifestaban ante él. Estos no perdieron el tiempo y reemprendieron el viaje a China, donde se apoderaron de los huevos de gusano que transportaron escondidos en sus bastones huecos o, según otros, en pequeñas cajas de madera. Una vez llegados a territorio bizantino, entregaron a Justiniano el resultado de su ardid y le indicaron cuál era el sistema para conseguir la transformación de los huevos en gusanos y obtener de ellos los capullos de seda, haciendo posible, así, la producción de esta valorada materia prima en territorio imperial. Todo un logro para Justiniano que, sin embargo, no impidió que el Imperio bizantino siempre dependiera, en parte, de las importaciones de seda de Oriente para hacer frente a la demanda de productos de ella derivados.

La gran mayoría de la población, como en épocas anteriores, estaba constituida por los campesinos que se encargaban de la producción de alimentos y pagaban los impuestos al Estado, aunque dependían en muchos casos de la autoridad de la aristocracia. Sabemos a través de las fuentes que entre la población agrícola había campesinos libres y arrendatarios.

En la sociedad sasánida también existían esclavos. Su nombre más habitual en las fuentes antiguas era el de *ansahrig*, cuya traducción al castellano sería la de 'extranjero', un dato este que nos ayuda a discernir cuál era la fuente más habitual de su abastecimiento, que no era otra que la captura de prisioneros durante los conflictos armados, ya fueran contra los romanos y bizantinos o contra heftalitas y turcos. A esta vía de aprovisionamiento se sumaba la venta de hijos por

La rivalidad por controlar las rutas de aprovisionamiento de la seda enfrentó al Imperio bizantino y al persa durante toda su historia. En el reinado de Justiniano I, Constantinopla consiguió acabar con el monopolio comercial sasánida sobre este producto.

parte de sus padres o la descendencia entre los propios esclavos. Los individuos que pertenecían a esta clase social eran definidos como cosas, aunque también eran considerados seres humanos, circunstancia que los protegía ante el maltrato cruel. Aun así, parte de ellos estaban adscritos a la tierra que cultivaban.

En época sasánida observamos diversas mejoras en la potencia militar persa. Sabemos, por ejemplo, que se perfeccionó la protección de los lanceros a caballo. Aunque el arma principal de estos contingentes seguía siendo la lanza, en algunos relieves aparecen portando aljabas, lo que nos indica que también podían utilizar el arco y las flechas en combate, dependiendo de la evolución de la batalla. Su actuación estaba respaldada por los arqueros a caballo, seguramente acorazados, algunos incluso de la misma forma que los caballeros, una tendencia que seguramente se inició ya en época parta.

Además, y a diferencia de sus predecesores arsácidas, los sasánidas demostraron una gran habilidad en las técnicas de asedio, igualando en este aspecto a los romanos. Documentamos así la utilización de armas de balística de diversos tamaños (catapultas, escorpiones y balistas), arietes, torres móviles y el uso de material inflamable.

Aunque el rey poseía el mando supremo del ejército, existían cargos militares superiores, como el *spahbed* o jefe del ejército y el *aspbed* o jefe de la caballería, que serían reemplazados, tras las reformas de Cosroes I, por los cuatros oficiales superiores que se repartieron la dirección militar del territorio persa.

La riqueza y prosperidad del reino sasánida estaba basada en la agricultura y en el comercio. Los productos cultivados que predominaban eran el trigo, la cebada, el arroz, la uva, las palmeras y los olivos, el centeno, el sésamo, los pepinos, los higos, el albaricoque, las nueces, el algodón y la alfalfa. El trabajo de la tierra se veía como algo beneficioso por la religión zoroástrica, que consideraba, por el contrario, un pecado su descuido o abandono. Por otro lado, la propiedad estaba mayoritariamente en manos de la nobleza, de la que dependía, de una forma u otra, la mayoría de la población campesina.

En época sasánida se llevaron a cabo grandes mejoras en el ámbito de la agricultura, que consistieron fundamentalmente en el aumento de la cantidad de tierra cultivada y en la construcción y el mantenimiento de canales de irrigación. Este progreso agrícola se consiguió gracias a los amplios esfuerzos invertidos en el campo por los reyes persas y llevaría, sin duda alguna, a un aumento de la población y de la riqueza disponible en el imperio.

Aun así, este desarrollo no pudo evitar la hambruna que sufrió el territorio iranio durante el reinado de Peroz, seguramente la catástrofe más dura a la que tuvo que hacer frente el estado sasánida a lo largo de toda su historia. Durante siete años, según el historiador musulmán Al-Tabari, que vivió entre los siglos VIII y IX, se secaron los arroyos, las acequias y las fuentes de agua natural, lo que provocó la muerte de gran cantidad de animales e incluso se produjo un gran descenso en el nivel de agua del río Tigris. Este hecho obligó al gran rey persa a interrumpir temporalmente la recaudación de los impuestos sobre la tierra y las personas y a abolir, momentáneamente, los trabajos obligatorios o corveas.

Como no podía ser de otra forma, durante el reinado de los monarcas sasánidas continuó la actividad comercial que se realizaba a través de la Ruta de la Seda, iniciada, como ya sabemos, en época parta. Otra de las grandes rutas de intercambio comercial continuó siendo la marítima, que unía el mar Rojo y el golfo Pérsico con la India, de donde se seguían importando mercancías como las especias, los perfumes, las perlas o los animales exóticos.

En este intercambio comercial internacional los mercaderes persas seguían siendo los intermediarios entre Oriente y Occidente, situación de la que intentaron librarse tanto Roma como más tarde Bizancio, llevando a cabo una expansión política y militar por la zona del Cáucaso y por ambas orillas del mar Rojo, estableciendo contactos tanto con árabes y etíopes como con los turcos en Oriente, con el objetivo de realizar de forma directa este comercio y evitar la mediación en él de los comerciantes persas, que parecían estar más interesados en transportar productos extranjeros que en comercializar los suyos propios.

El comercio entre Roma y Persia durante época sasánida fue bastante elevado a pesar de los continuos conflictos militares que enfrentaron a ambos Estados. Esta relación comercial estuvo bien presente en los diversos tratados de paz firmados entre ellos, y en los que hallamos cláusulas que nos muestran el deseo de canalizar este intercambio a través de puntos o enclaves comerciales establecidos y autorizados, como fueron las ciudades de Nisibis, Dara y Callinicum en Mesopotamia o Artaxata y Dvin en Armenia.

Las tasas e impuestos sobre el transporte de mercancías a través de la Ruta de la Seda se recaudaban a lo largo de todo el camino y beneficiaban sobremanera al tesoro persa, que se encargaba de mantener en buen estado las vías de comunicación.

Por otra parte, para poder desarrollar el comercio marítimo entre Persia y el Extremo Oriente era necesario el control de la costa nororiental arábiga, donde los reyes sasánidas, ya desde tiempos de Ardashir I, extendieron su dominio sobre los territorios de Omán, Barhéin y Yamama, con el objetivo de establecer allí enclaves a lo largo del litoral para poder llevar a cabo el intercambio comercial con la India.

Finalmente, sabemos que los artesanos estaban mal vistos por la población zoroastriana, debido a la gran cantidad de estos que existía en época sasánida y al elevado número de cristianos y de miembros de otras minorías religiosas que se dedicaban a la artesanía y el comercio.

El zoroastrismo seguía siendo la religión de los monarcas sasánidas y de gran parte de la nobleza persa, y alcanzó en esta época su máxima expansión en territorio iranio. Los reyes sasánidas promovieron este desarrollo erigiendo altares dedicados al fuego, santuarios y promulgando su especial relación con las divinidades zoroástricas.

En tiempos del propio Ardashir se llevó a cabo la sistematización de las diversas doctrinas zoroástricas, dirigida por un sacerdote llamado Tosar, que se basó para ello en el estudio de los textos existentes y de la tradición oral mantenida por los sacerdotes.

Sin embargo, el zoroastrismo nunca fue impuesto de forma obligatoria a los diversos pueblos que habitaban el territorio persa, que pudieron continuar ligados a sus respectivas creencias y rituales. Aun así, la situación religiosa del imperio dependió, en diversas ocasiones, tanto de la tolerancia y el temperamento del monarca reinante como de la situación política interna y externa, la cual llevó en algunos casos a los reyes persas a iniciar persecuciones religiosas, como fue el caso de Bahram II, Sapor II o Cosroes I. No obstante, estos ejemplos no nos permiten hablar de una persecución religiosa sistemática en época sasánida, sino de persecuciones temporales motivadas por el ambiente de enfrentamiento político del momento, y que afectaron principalmente a maniqueos, mazdakitas y cristianos, siendo estos últimos considerados, en diversas ocasiones, elementos prorromanos y probizantinos contrarios a la autoridad persa.

Por otra parte, en la actualidad existe un intenso debate sobre la relación que se estableció entre el Estado sasánida y la jerarquía religiosa zoroástrica. Aunque hasta hace poco se había defendido la progresiva y profunda unión entre estas dos instituciones a lo largo de todo este período, que conllevaría una sólida alianza entre ellas, hoy en día se considera, por el contrario, que esta asociación tan sólo fue efectiva en determinados momentos, cuando el carácter del propio monarca y las condiciones políticas así lo reclamaron, rompiéndose aquella en el momento de la llegada de un nuevo soberano o cuando la coyuntura variaba. De esta forma podemos entender mejor cómo de etapas más o menos largas de persecución hacia las diversas minorías religiosas por parte del Estado sasánida, pasamos a períodos de enfrentamiento entre el monarca y la jerarquía zoroástrica, circunstancia que nos indica que esta pretendida unión era tan sólo temporal y circunstancial.

Como en épocas anteriores, los monarcas sasánidas disponían de diversas capitales en las que residían dependiendo de la estación del año. Ctesifonte mantuvo la categoría de capital representativa de los monarcas. Durante época sasánida fue ampliada, y se construyeron, además, diversas ciudades en sus alrededores, como Weh-Ardashir o Weh Antioch Khosrow, la primera erigida por Ardashir I, y la segunda, por Cosroes I.

Uno de los elementos más conocidos de la Ctesifonte sasánida son los restos del palacio real, del que sólo han sobrevivido una de sus alas y el gran arco o *ivan* central, edificado con adobes y que posee un tamaño de 35 metros de alto y 25 de ancho, que desempeñaba la función de sala de la audiencia real, decorada, según las fuentes, con un fresco que representaba la conquista de Antioquía.

Las nuevas ciudades erigidas por los monarcas sasánidas se concentraron en las regiones de Persis y Mesopotamia. Ardashir construyó Ardashir Khvarrah, cerca de la actual Firuzabad, en la región de Persis, edificada con un diseño circular de 2 km de diámetro. La ciudad estaba dividida en cuatro zonas delimitadas por dos ejes principales que se cruzaban en el centro de la ciudad. Al mismo tiempo cada sector se dividía en cinco subsectores unidos entre sí por calles de forma circular. A 4 km de la ciudad estaba situado el palacio de Ardashir ubicado en el interior de un parque. El edificio medía 55 x 104 m y disponía también de una *ivan* de 20 m de altura.

Por su parte, Sapor I construyó las ciudades de Bishapur y Gundeshapur en la provincia de Juzestán en conmemoración de sus victorias sobre Roma. La primera, edificada por prisioneros romanos, poseía una planta rectangular hipodámica con unas medidas de 1,8 x 0,9 km, un tamaño de 155 hectáreas y disponía de un complejo palacial en su extremo norte. La ciudad descansaba en uno de sus lados en una montaña, donde se erigía la fortaleza que defendía la ciudad. Gundeshapur, a 30 km al este de Susa, tenía unas dimensiones de 3,4 x 1,5 km y fue construida tras la destrucción de la Antioquía romana. En este emplazamiento fueron asentados artesanos y trabajadores especializados de aquella ciudad. Pronto se convirtió en un foco cultural y científico y en un centro de producción de seda.

Bibliografía

ALVAR, J. *Los persas*. Historia del mundo antiguo. Oriente (Col.). Madrid: Akal, 1989.

ARCE, J. *Bajo el palio del Gran Rey*. Historias del Viejo Mundo (Col.). Vol. 7. Madrid: Historia 16, 1988.

ARCE, J. *La frontera (Anno Domini 363)*. Madrid: Alianza editorial, 1995.

BOULNOIS, L. *La ruta de la seda*. Barcelona: Ediciones Orbis, 1986.

BOYCE, M. *A History of zoroastrianism* (2 vols.). Leiden–Colonia: Brill (Handbuch der Orientalistik Series), 1975-1982.

BRIANT, P. *From Cyrus to Alexander. A History of the Persian Empire*. Indiana: Eisenbrauns, 2002.

BROSIUS, M. *The Persians. An introduction*. Abingdon: Routledge, 2006

CARTLEDGE, P. Termópilas. La batalla que cambió el mundo. Barcelona: Ariel, 2008.

CARY, M. A. History of the Greek world from 323 to 146 B. C. London: Methuen, 1972.

DARYAEE, T. Sasanian Persia, the rise and fall of an Empire. London–New York: I.B. Tauris, 2009.

DE SOUZA, P. De Maratón a Platea. Las Guerras Médicas. Vol. I. Barcelona: RBA, 2009.

DIGNAS, B. y WINTER, E. Rome and Persia in Late Antiquity, neighbours and rivals. Cambridge: Cambridge University Press, 2008.

FARROKH, K. Shadows in the desert, Ancient Persia at war. Oxford: Osprey Publishing, 2007.

FRYE, R. N. La herencia de Persia. Historia de la cultura Guadarrama (Col.). Madrid: Ediciones Guadarrama, 1965.

GREEN, P. Alexander to Actium. The historical evolution of the Hellenistic Age. Los Angeles: University of California Press, 1990.

HINZ, W. The lost world of Elam. Re-creation of a vanished civilization. London: Sidgwick & Jackson, 1972.

LEBEDYNSKY, I. Les nomades. Les peuples nomades de la steppe des origines aux invasions mongoles (IXeme siècle av. J. C. – XIIIeme siècle apr. J. C.). Paris: Editions Errance, 2007.

LOZANO, A. *Las monarquías helenísticas II, los seléucidas*. Historias del Mundo Antiguo (Col.). Madrid: Akal, 1989.

MEYERS, E. M. (ed). *The Oxford Encyclopedia of Archaeology in the Near East* (5 vols.).Oxford: Oxford University Press, 1997.

OSTROGORSKY, G. *Historia del estado bizantino*. Madrid: Akal Universitaria, 1984.

POTT, D. T. *The archaeology of Elam. Formation and transformation of an Ancient Iranian state*. Cambridge: Cambridge University Press, 1999.

QUINTANA CIFUENTES, E. *Historia de Elam, el vecino mesopotámico*. Murcia: Universidad de Murcia, 1997.

ROUX, G. *Mesopotamia. Historia política, económica y cultural*. Madrid: Akal, 1990.

SARKHOSH CURTIS, V. y STEWART, S., (eds.). *The age of the Parthians, the idea of Iran*. Vol. II. London: Ed. I. B. Tauris en colab. con The London Middle East Institute at SOAS y The British Museum, 2007.

SEKUNDA, N. *El ejército persa*. Las Guerras Médicas. Vol. V. Barcelona: RBA, 2009.

SHIPLEY, G. *El mundo griego después de Alejandro, 323-30 a. C.* Barcelona: Editorial Crítica, 2001.

TREADGOLD, W. *A History of the Byzantine state and society.* Stanford University Press, Stanford, 1997.

WATERFIELD, R. *La retirada de Jenofonte. Grecia, Persia y el final de la Edad de Oro.* Madrid: Editorial Gredos, 2009.

WIESEHÖFER, J. *Ancient Persia, from 550 B. C. to 650 A. D.* London-New York: I.B. Tauris Publishers, 2007.

WILL, E., MOSSÉ, Cl. y GOUKOWSKY, P. *El mundo griego y el Oriente. El siglo IV y la época helenística.* Historia General, Pueblos y Civilizaciones (Col.). Tomo II. Madrid, Tres Cantos: Akal, 1998.